Ruhe finden – Gott begegnen – Gemeinschaft erfahren

Andrea Kurnoth / Susanne Scheidt

Ruhe finden – Gott begegnen – Gemeinschaft erfahren

Meditative Gebetstreffen für ein ganzes Jahr

Schwabenverlag

VERLAGSGRUPPE PATMOS

PATMOS
ESCHBACH
GRÜNEWALD
THORBECKE
SCHWABEN

Die Verlagsgruppe
mit Sinn für das Leben

MIX
Papier aus verantwortungsvollen Quellen
FSC® C083411

Für die Verlagsgruppe Patmos ist Nachhaltigkeit ein wichtiger Maßstab ihres Handelns. Wir achten daher auf den Einsatz umweltschonender Ressourcen und Materialien.

www.schwabenverlag-online.de

Umschlag: Finken & Bumiller, Stuttgart
Gestaltung und Satz: Schwabenverlag AG, Ostfildern
Druck: CPI books GmbH, Leck
Hergestellt in Deutschland
ISBN 978-3-7966-1741-6

Inhalt

Vorwort 9

Einführung

Aufbau des Buches und Verwendungsmöglichkeiten 11
Aufbau der Meditationen 11
Eröffnung 11
Thematischer Impuls 12
Stille 13
Fürbitten 13
Segen 13
Austausch 13
Meditationsort 13
Elemente 14
Gesänge 14
Texte 16
Stille 16
Einleiten der Stille 16
Stille 18
Ausleiten der Stille 19
Gebetsformen 19
Herzensgebet 20
Beten mit dem Körper 21
Lectio Divina – »Göttliche Lesung« 24
Wechselgebete 25
Fürbitten 26
Segensformen 27
Die Mitte 30
Austausch 30
Methoden und Medien 30
Methoden 31
Fantasiereise 31
Bibel-Teilen 32

Abwechselndes Lesen 33
Wiederholendes Lesen 33
Bildbetrachtung. 33
Schreibmeditation 33
Achtsames Gehen 34
Medien 34
Werbung. 37

»Ruhepunkte« für Feste und besondere Zeiten

Advent: **Aufbruch** 40
Advent: **Erwarten** 43
Advent: **Still werden** 46
Advent: **Bereitet dem Herrn den Weg** 49
Weihnachten: **Maria** 52
Weihnachten: **Sich verschenken – beschenkt werden**. 55
Fastenzeit: **Ballast abwerfen** 59
Fastenzeit: **Gott den ersten Platz geben** 62
Fastenzeit: **Das Labyrinth** 66
Fastenzeit: **Einsam sein** 69
Fastenzeit: **Vertrauen** 72
Fastenzeit: **Sich reinigen** 76
Ostern: **Auferstehung** 79
Ostern: **Wie glaube ich?** 82
Ostern: **Knospen und Blüten** 86
Pfingsten: **Verwandlung** 89
Pfingsten: **Nachfolge**. 92
Pfingsten: **Leben aus dem Heiligen Geist** 96

»Ruhepunkte« im Jahreskreis

Januar: **Innere Schätze** 102
Januar: **Mein Beziehungsnetz** 105
Februar: **Spuren im Schnee**. 108
Februar: **Barmherzigkeit** 111
März: **Berührt von Gottes Wort** 114

März: **Dialog mit Gott** 118
April: **Orientierung** 121
Mai: **Gemeinschaft im Glauben** 124
Mai: **Der besondere Blick** 129
Juni: **Geistliches Leben** 133
Juni: **Ausruhen** 136
Juli: **Raus aus der Routine** 139
Juli: **Meine Grenzen** 142
August: **Sorgt euch nicht** 145
August: **Gottes Liebe** 148
September: **Loben und preisen** 152
September: **Alles hat seine Zeit** 155
Oktober: **Reifen** 158
Oktober: **Veränderungen annehmen** 162
November: **Du machst meine Finsternis hell** 165
November: **Mit meinem Gott überspringe ich Mauern** 168
Dezember: **Weihnachten – und weiter?** 172

Anhang

Verzeichnis der verwendeten Bibelstellen 175
Verwendete Methoden und Gebetsformen 176

Vorwort

Dieses Buch möchte dazu ermuntern, einfach und unkompliziert ein Meditationsangebot zu gestalten. Es sind keinerlei Vorkenntnisse in Meditation nötig, sondern nur die Bereitschaft, sich Neuem zu öffnen und Freude am Ausprobieren zu haben.

Die Gebetstreffen sollen Ruhepunkte in unserem Alltag sein. Zur Ruhe kommen, sich Zeit für Gott nehmen, um mit ihm in Beziehung zu treten, das eigene Leben im Licht des Glaubens zu überdenken und die Verbindung zwischen Glauben und Leben neu zu entdecken – das sind die zentralen Aspekte dieses Angebotes.

Die »Ruhepunkte«, wie wir unsere Gebetstreffen später nannten, sind aus regelmäßigen Besuchen in Taizé entstanden. Das Bedürfnis, die Atmosphäre von Taizé mit nach Hause in unsere Kirchengemeinde zu nehmen und anderen Menschen zugänglich zu machen, war der Grund, ein spirituelles Angebot in Anlehnung an die Gebete von Taizé zu entwickeln.

Das Angebot dieser Gebetstreffen ist vom Gedanken der Einfachheit und Schlichtheit geprägt. Die meditativen Gesänge, die ritualisierten Abläufe und reduzierten Sprachanteile sollen zu einer Atmosphäre der Ruhe führen, die im Mittelpunkt steht. Unser Wunsch ist es, dass die Teilnehmenden in einem einfachen Rahmen zur Ruhe kommen und die Anforderungen des Alltags ablegen. Darüber hinaus wird ein spiritueller Raum eröffnet, in dem die Begegnung mit sich selbst und mit Gott ermöglicht wird. Ein solcher »Ruhepunkt« richtet sich an alle, die eine geistliche Haltung einüben möchten.

Der »Ruhepunkt« soll für die Teilnehmenden wie für die Durchführenden gleichermaßen leicht zugänglich sein. Für die Durchführenden bedeutet dies, dass sie ein Konzept vorfinden, das sich einfach umsetzen lässt und keine aufwändige Vorbereitung benötigt. Einfache, ritualisierte Abläufe erleichtern es, ohne Überforderung eine solche Meditation anzuleiten.

Es wird kein Bibelwissen, religiöse oder spirituelle »Vorbildung« vorausgesetzt. Die im Ablauf eines »Ruhepunktes« eingebrachten Elemente möchten den Menschen in seiner Ganzheitlichkeit ansprechen.
Unter Einbezug der Sinne wird ein Zugang zu Gott ermöglicht, der Körper und Geist gleichermaßen anspricht. Dabei wird das Prinzip der »Freiwilligkeit« berücksichtigt. Niemand soll eine Verpflichtung verspüren, sich aktiv einzubringen.
In dieser Freiheit erproben die Teilnehmenden, welcher Zugang für sie passend ist. Durch die Unterschiedlichkeit der geistlichen Übungen wird ein Raum des Ausprobierens geschaffen, der geistliches Wachstum ermöglicht.
Eine Kontinuität des Angebotes eröffnet die Entwicklung von Gemeinschaft und gegenseitigem Vertrauen. Daher empfehlen sich regelmäßige Treffen in nicht zu großen Abständen.
Bei unseren Aufenthalten in Taizé steht immer wieder aufs Neue die Erfahrung von Gemeinschaft und Begegnung im Mittelpunkt. Begegnung mit mir, Begegnung mit Gott und Begegnung mit den unterschiedlichsten Menschen. Diese positiven Erfahrungen möchten wir mit unserem Buch an interessierte Menschen weitergeben. Das Buch soll Mut machen, einen Anfang zu wagen – dazu wünschen wir gutes Gelingen und Gottes Segen!

Die Erstellung dieses Buches war für uns ein kleines Abenteuer, bei dem uns unsere Ehepartner in Wort und Tat sehr unterstützt haben. Herzlichen Dank dafür!

Andrea Kurnoth
Susanne Scheidt

Einführung

Aufbau des Buches und Verwendungsmöglichkeiten

Das Buch eignet sich als Hilfe, um rasch und ohne große Vorbereitung eine Meditation gestalten zu können. Dabei lassen sich die ausgearbeiteten Entwürfe für Gebetstreffen als fertige Vorlage verwenden. Die beschriebenen Elemente lassen sich aber auch als einzelne Module frei verwenden. So können diese »Ruhepunkte« auf verschiedene Gegebenheiten und Personenkreise angepasst werden.
Im ersten Teil des Buches findet man eine Einführung mit Informationen zum Aufbau der einzelnen Meditationen und zu den Rahmenbedingungen. Die verwendeten Elemente werden anschaulich vorgestellt. Eine Auflistung von Medien und Methoden erleichtert die praktische Umsetzung ebenso wie die Anregung zur Bewerbung des Angebots.
Der zweite Teil des Buches enthält eine Sammlung fertig ausgearbeiteter Meditationen zu den Hochfesten und den Monaten im Jahreskreis.

Aufbau der Meditationen

Der vorgestellte Ablauf gilt als Grundstruktur und kann je nach Bedarf verändert werden. In der Regel beträgt der zeitliche Umfang maximal 60 Minuten. Hierbei ist die Zeit für eine sich anschließende »Teerunde« nicht eingerechnet.

Eröffnung

Die Eröffnung beginnt mit dem Ankommen der Teilnehmenden im Raum bei leiser, ruhiger Hintergrundmusik. Von Anfang an, mit Betreten des Raumes, soll die kontemplative Atmosphäre intensiv erfahrbar werden. Ablenkende Gespräche sollten vermieden werden.

Zu Beginn der Meditation wird ein Lied gesungen.
Es dient der Sammlung und dem gemeinsamen Ankommen im Raum und in der Situation.

Es folgt eine Begrüßung der Teilnehmenden mit einer kurzen Vorstellung des Themas.
Hier kann ein möglicher persönlicher Bezug zum Thema hervorgehoben werden.
Ein Ausblick auf den Abend klärt den Erwartungshorizont und dient der Orientierung.

Den Abschluss der Eröffnung bildet ein Lied.

Thematischer Impuls

Der Impuls besteht in der Regel aus kurzen Gedanken zum Thema, in denen sich Erfahrungen menschlicher Existenz widerspiegeln.
Die thematisierten Gedanken sollen Impulscharakter haben. Das heißt, dass sie mit wenigen Worten zum Nachdenken und Reflektieren anregen.

Der sprachliche Anteil kann durch das Ansprechen verschiedener Sinne und den Einbezug unterschiedlicher Methoden ergänzt werden. Die Berücksichtigung des Prinzips der Ganzheitlichkeit sorgt für eine Beteiligung von Körper und Geist. Den Teilnehmenden eröffnen sich so Möglichkeiten individueller Zugänge.

Der thematische Impuls möchte zum Ausprobieren und Neuentdecken verschiedener Wege der Begegnung mit Gott anregen.

Abgeschlossen wird der thematische Impuls durch ein Lied.

Stille

Die Stille beginnt mit einer Hinführung, die aus einer Körperwahrnehmungsübung besteht. Die Wahrnehmung der Atmung und des eigenen Körpers eröffnet einen Weg in die Meditation und zur Sammlung. Der Umfang und die Intensität können der Situation angepasst werden.
Ein Meditationswort leitet in die Stille über und kann von den Teilnehmenden als gedankliche Anregung individuell aufgegriffen werden.
Die Stille dauert je nach Teilnehmerkreis zwischen 5 bis 10 Minuten.
Leise Musik kündigt das Ende der Stille an. Nach und nach stimmen die Teilnehmenden in das Lied ein.

Fürbitten

In den Fürbitten wird das Thema des Abends in einem einfachen Gebet aufgegriffen und die Teilnehmenden ermuntert, eigene Anliegen frei zu formulieren. Auch hier können dem Prinzip der Ganzheitlichkeit folgend verschiedene Methoden herangezogen werden. Den Abschluss bildet das gemeinsam gesprochene Vaterunser.

Segen

Der Segen findet Ausdruck in einem ritualisierten Segenslied, das durch symbolische Gesten unterstützt werden kann.

Austausch

Die Teilnehmenden werden eingeladen, zum Beispiel bei einer Tasse Tee noch etwas zu verweilen. Hierbei eröffnet sich die Möglichkeit, über die Erfahrungen des Abends ins Gespräch zu kommen.

Meditationsort

Der Raum sollte eine Atmosphäre der Ruhe ausstrahlen. Die Reduzierung bzw. Vermeidung von äußeren Reizen ermöglicht die Konzentration auf das Wesentliche. Dabei können die verschiedensten Räume geeignet sein oder mit wenig Aufwand entsprechend hergerichtet werden. Die Größe des Raumes sollte in einem angemessenen Verhältnis zu der Teilnehmerzahl stehen. Aber auch in einem großen Kirchenraum können durch strukturgebende Lichtakzente oder andere Hilfsmittel kleinere Räume geschaffen werden.

Dazu können mehrere Elemente eingesetzt werden: Lichtspots und dimmbare Beleuchtung, einheitliche Wandflächen, angenehmer Bodenbelag und eine reduzierte Möblierung. Persönliche Gegenstände wie Jacken und Taschen sollten sich außerhalb des Blickfeldes befinden. Der Raum sollte eine Anordnung der Sitzelemente im Kreis ermöglichen, sodass eine Fokussierung auf die Mitte gegeben ist. Die Sitzanordnung im Kreis begrenzt den Raum, den die Gruppe umschließt, und lässt einen intensiveren Bezug der Teilnehmenden untereinander spürbar werden.

Es bietet sich an, verschiedene Sitzmöglichkeiten zur Verfügung zu stellen, damit die Teilnehmenden Gelegenheit haben, ihre individuellen Meditationshaltungen zu erproben. Es sollte ein bequemes Sitzen über einen Zeitraum von 5 bis 15 Minuten möglich sein. Als Sitzgelegenheit bieten sich Meditationsbänkchen und -kissen, Sitzhocker und Decken an.

Einfache Fleecedecken in Naturfarben und ggf. Socken bieten Wärme und vermitteln Behaglichkeit.

Werden zur musikalischen Unterstützung CDs oder andere Tonträger eingesetzt, sollten die Musikanlage und die Boxen an einem möglichst unauffälligen Ort stehen und mit einer Fernbedienung ansteuerbar sein.

Elemente

Gesänge

Die Gesänge aus Taizé bestehen aus einem oft wiederholten Grundgedanken in wenigen Worten. Die Lieder haben einen eigenen Charakter. Die Einfachheit der Texte, ihre ständigen Wiederholungen und die Ver-

wendung unterschiedlicher Sprachen, die die weltumfassende Gemeinschaft zum Ausdruck bringt, sind die prägenden Merkmale der Gesänge. Der Charakter dieser Gesänge ist für uns ein wesentlicher Bestandteil im Gesamtkonzept. Sie bieten die Möglichkeit, über das Element der Musik in eine kontemplative Haltung zu gelangen.
Werden ausschließlich Taizé-Gesänge verwendet, zieht sich die von ihnen ausgehende Atmosphäre wie ein roter Faden durch die Gebetstreffen. Die Texte der Gesänge sind schnell erfasst und lassen sich den Themen der »Ruhepunkte« gut zuordnen.
Der Einsatz von digitaler Instrumentalmusik erleichtert das Singen auch für Ungeübte und bietet die Möglichkeit, auf den Einsatz von Instrumenten zu verzichten.
Die Gesänge haben unterschiedliche Rhythmen, die es bei der Gestaltung zu berücksichtigen gilt. Zum Beispiel eignen sich als Einstieg Lieder mit lebendigeren Rhythmen, während vor und nach der Stille ein getragenes Tempo empfehlenswert ist.
Alle Gesänge sind mehrstimmig, wobei es sehr einfache, aber auch recht anspruchsvolle Melodien gibt. Die Mehrstimmigkeit der Lieder kann durchaus bei geübten Sängern zu einer größeren Gewichtung dieses Elements führen. Die Perfektion des Gesangs steht allerdings nicht im Vordergrund, sondern die Einstimmung in eine kontemplative Haltung. Diese Einstimmung kann auch allein durch das Hören der Instrumentalmusik gelingen.
Die Texte der Taizégesänge liegen in vielen verschiedenen Sprachen vor. Je nach Gruppenzusammensetzung kann es von Vorteil sein, Lieder in bekannten Sprachen zu verwenden oder zumindest den deutschen Text vorzulesen. Im Liederbuch findet sich eine vollständige Übertragung des Textes.
Das Element »Gesang« ist ein wesentlicher Bestandteil des »Ruhepunktes«. In den vorliegenden Modellen werden daher mindestens vier Lieder gesungen.

Die Gesänge können per CD über den Buchhandel bezogen werden. Einzelne Gesänge in MP3-Format und auch die CDs sind über die Internetseite von Taizé im Downloadbereich erhältlich.
Trotz unserer großen Begeisterung für die Gesänge aus Taizé kann selbstverständlich auch anderes meditatives Liedgut verwendet werden.

Texte

In dem vorliegenden Buch werden Gebete, Gedichte und Texte unterschiedlicher Autoren sowie Bibelstellen verwendet. Sie dienen dazu, in das entsprechende Thema einzuführen und es zu vertiefen. Sie geben Impulse zum Weiterdenken oder fassen zentrale Gedanken zusammen. Sie sind in schlichter Sprache geschrieben und in der Regel auf wenige Sätze oder Verse begrenzt. Die Texte finden sich in der Eröffnung oder im Thematischen Impuls.
Einzelne Worte können auch als Meditationswort mit in die Stille genommen werden.

Stille

Einleiten der Stille

»Verherrlicht also Gott in eurem Leib.« (1 Kor 6,20)
Die »Einführung in die Stille« dient der Vorbereitung der Stille. Über eine Körperübung gelangen die Teilnehmenden in einen Zustand der Ruhe und der Verortung im Hier und Jetzt. Der Charakter der Einführung in die Stille betont die Ganzheitlichkeit des Menschen, das heißt, Körper und Geist werden gleichermaßen angesprochen.
In der Körperübung kann sowohl die Wahrnehmung einzelner Körperteile als auch die Wahrnehmung der Atmung im Vordergrund stehen.
In der körperbezogenen Übung werden im ersten Schritt Körper und Umgebung wahrgenommen. Dabei werden verschiedene Körperregionen gedanklich durchschritten, von außen auf uns eindringende Empfindungen werden wahrgenommen und benannt. Wir nehmen wahr, ohne zu bewerten.

Im zweiten Schritt gelangen die Teilnehmenden durch die Entwicklung innerer Bilder in eine körperliche Wohlspannung. Das Bewusstsein wird auf verschiedene Körperbereiche gerichtet. Die Teilnehmenden können so ihren Körper ausrichten und eine Position einnehmen, die es ihnen ermöglicht, eine längere Zeit in der Stille zu verweilen. Die intensive Aufmerksamkeit und Konzentration auf den Körper kann eine Wohlspannung erzeugen, die in besonderer Weise den Raum für eine Begegnung mit Gott ermöglicht. Diese Erfahrung kann mehr oder weniger gelingen. Bedeutsam ist, dass wir das vor Gott bringen, was in diesem Moment möglich ist.
Abhängig von der Meditationserfahrung der Teilnehmenden sollte die Körperübung mehr oder weniger differenziert angeleitet werden.

Im Folgenden werden zwei Anleitungen für die Einführung in die Stille gegeben. Sie dienen als Orientierung und können flexibel variiert und miteinander kombiniert werden.

KÖRPERÜBUNG – SCHWERPUNKT KÖRPER

Ankommen: Ich richte mich auf meiner Sitzfläche ein und erspüre meine Sitzbeinhöcker. Die Sitzposition ist aufrecht. Die Beine befinden sich im hüftbreiten Abstand. Die Augen schauen geradeaus. Nach Möglichkeit sollten sie geschlossen sein und einen imaginären Punkt in unmittelbarer Nähe fixieren. Die Hände ruhen auf den Oberschenkeln.

Wahrnehmungsübung: Ich spüre dem Kontakt zur Sitzfläche nach. Meine Aufmerksamkeit geht zum Becken. Ich nehme mein Becken als Schale wahr und stelle mir eine Kugel vor, die in dieser Schale rollt, bis sie in der Mitte zum Liegen kommt. Ich erfasse die Unterseite meiner Oberschenkel im Kontakt zu Kleidung und Sitzfläche. Über die Kniekehlen gelange ich zu meinen Unterschenkeln. Sitze ich auf einem Gebetsbänkchen, nehme ich über die Schienbeine den Kontakt zum Boden wahr. Befinde ich mich auf einem Hocker, geht meine Aufmerksamkeit zu den

Fußsohlen. Auch hier spüre ich über den Kontakt zur Kleidung den Boden. Er trägt mich.
Ich wende mich meinem Kopf zu. Ich erspüre den Abstand zwischen Scheitel und Raumdecke. In meiner Vorstellung zieht mich ein unsichtbarer Faden an meinem Scheitel zur Raumdecke hin. Dabei richte ich mich auf. Ich nehme meinen Hinterkopf wahr und über die Haare den Kontakt zur Luft. Über den Nacken gelange ich zum oberen Rücken. Wirbel für Wirbel gehe ich nach unten und erreiche wieder mein Becken.
Meine Arme befinden sich seitlich des Körpers und ich erspüre den Kontakt zur Kleidung und zum Rumpf. Unterarme und Hände spüren zu den Oberschenkeln hin. Meine Handflächen ruhen auf den Oberschenkeln oder liegen als eine nach oben geöffnete Schale auf meinen Beinen. Ich spüre den Kontakt zur Luft.

KÖRPERÜBUNG – SCHWERPUNKT ATMUNG

Meine Augen sind geschlossen. Ich atme einige Mal durch die Nase ein und durch den Mund aus. Ich stelle mir vor, dass ich mit jedem Atemzug einen Duft aufsauge, der meinen ganzen Körper durchströmt. Ich lege meine Hände auf den Bauch und atme tief in den Bauch hinein. Diese Atmung nehme ich bewusst wahr und halte einen Augenblick inne. Dann lasse ich meinen Atem durch den Mund langsam hinausströmen.
Ergänzend zu dieser Atemübung kann eine An- und Entspannung der Muskeln eingesetzt werden:
Ich atme langsam ein. Dabei spanne ich so viele Muskeln wie möglich an. Ich halte kurz die Luft an, atme langsam aus und entspanne dabei alle Muskeln. Eine wohlige Wärme breitet sich aus. Ich wiederhole diese An- und Entspannung einige Male.

Stille

Die Dauer der Stille ist abhängig von der Meditationserfahrung der Teilnehmenden. Bei weniger Geübten empfiehlt sich eine Stille von ca. 5

Minuten. Innerhalb des Gebetstreffens ist die Stille bis zu einer Dauer von 15 Minuten vorgesehen.
Die Teilnehmenden sollten für die Dauer der Meditation eine möglichst bequeme Sitzhaltung einnehmen. In der Regel gibt es keine Vorgabe zur Körperhaltung und Sitzmöglichkeit.
Es ist von Bedeutung, der Stille ohne Anspruchshaltung zu begegnen. Alles hat seinen Platz und geschieht ohne Bewertung. Als störend empfundene Faktoren, zum Beispiel von außen eindringende Geräusche, aber auch eigene unruhige Gedanken, werden benannt und dadurch in die Meditation einbezogen.
Ein langsam gesprochener Impulssatz greift den Hauptgedanken des Themas auf. Er ist ein Angebot, sich in der Stille davon berühren zu lassen. In der Regel handelt es sich um Teile eines verwendeten Textes oder Liedes.

Ausleiten der Stille

Mit dem Ausleiten der Stille soll eine gedankliche Rückkehr in den Raum ermöglicht werden. Hierzu gibt es verschiedene Wege.

Zum Beispiel:
- mit Einspielen von in der Lautstärke ansteigender Musik. Die Teilnehmenden können je nach Befindlichkeit in das Lied einstimmen,
- mit einer Klangschale,
- mit vitalisierenden Bewegungen, zum Beispiel: mit kreisenden Bewegungen der Hand- und Fußgelenke, tiefer Bauchatmung und Strecken des Körpers.

Gebetsformen

Mit Gott ins Gespräch kommen, einen Kontakt herstellen, einer Beziehung Ausdruck verleihen: dafür braucht es verschiedene Ausdrucksformen, denen hier Raum gegeben werden soll.

Durch die vielfältigen Formen des Gebetes können unterschiedliche spirituelle Erfahrungen gemacht werden. Die verwendeten Gebetsformen möchten die Teilnehmenden in ihrer Ganzheitlichkeit ansprechen. Sie beziehen sowohl den Geist als auch den Körper des Betenden mit ein. Je nach Gebet steht die Sprache oder die Bewegung im Vordergrund.
Es geht zum einen darum, den inneren Empfindungen Ausdruck zu verleihen, und zum anderen, über die äußere Körperhaltung oder das Wort zu einer inneren, spirituellen Erfahrung zu gelangen.
In den vorgestellten »Ruhepunkten« wird maximal eine besondere Gebetsform innerhalb des Thematischen Impulses verwendet.
Die verwendeten Gebetsformen können durchaus als ungewohnt wahrgenommen werden.
Eine Atmosphäre des Erprobens sollte diesen Teil des Treffens prägen. Die Teilnehmenden entscheiden sich in aller Freiheit, sich am Angebot der Gebetsformen zu beteiligen.

Folgende Gebetsformen finden Verwendung:

- Herzensgebet
- Beten mit dem Körper
- Lectio Divina
- Wechselgebete
- Fürbitten
- Segensformen

Herzensgebet

Das Herzensgebet ist eine traditionelle Form des Gebetes, die den Menschen über den ganzen Tag hinweg begleiten kann. Im »Ruhepunkt« erhält diese Erfahrung einen begrenzten Raum von ca. 5 Minuten. Das Herzensgebet hat zum Ziel, von einem Wort oder Gebetssatz ganz erfüllt zu werden. Einzelne Wort- oder Satzteile werden mit der Atmung verbunden. Dabei wird darauf geachtet, dass das Atmen nicht zu einem mechanischen Vorgang wird. Mit dem Rhythmus der Atmung kann das

Wort in den Betenden hineinfließen und sich durch stetige Wiederholung ausbreiten.

Einige Beispiele für Herzensgebete:

»Jah – we.«
Beim Einatmen wird »Jah« und beim Ausatmen »we« gebetet. Dabei machen wir uns bewusst, dass uns Gott so nahe ist wie unser Atem.

»Jesus Christus – erbarme dich meiner.«
Ich atme Jesus ein und atme alles aus, was mich bedrückt.

»Komm, Schöpfer Geist – verändere unsere Welt.«
Beim Einatmen nehmen wir die Schöpferkraft des Heiligen Geistes in uns auf. Beim Ausatmen gebe ich diese Kraft zurück in diese Welt. Wir vertrauen darauf, dass der Heilige Geist auch heute in dieser Welt verändernd wirkt.

»Gott, du – ich bin hier.«
Beim Einatmen wird «Gott, du« und beim Ausatmen »ich bin hier« gebetet. Wir stellen uns in die Gegenwart Gottes.

Beten mit dem Körper
Das Beten mit dem Körper ist ein ganzheitliches Beten. Es umfasst verschiedene Grundhaltungen und -bewegungen des Menschen. Wir treten mit dem ganzen Körper vor Gott. Das Wort wird über unseren Körper erfahrbar. In der Bewegung spüren wir die Bedeutung des Wortes, und zugleich verleiht die Bewegung unserer inneren Haltung Ausdruck. Das Beten mit dem Körper soll uns als ganzen Menschen vor Gott bringen und ein Sich-Sammeln ermöglichen. Im »Ruhepunkt« hat das Beten mit dem Körper seinen Platz unmittelbar vor der Stille. Die Gebetsform besteht aus einzelnen Bewegungen, die ineinander übergehen und so-

mit einen Bewegungsfluss darstellen. Dieser Bewegungsablauf kann zur Vertiefung mehrmals durchlaufen werden. Die Augen können beim Beten mit dem Körper geöffnet sein, ohne jedoch einen bestimmten Punkt zu fixieren. Bei geschlossenen Augen kann man den Blick auf das Innere richten.

Anleitung zum Bewegungsablauf:

- Ich nehme mich im festen Stand wahr. Die Füße stehen schulterbreit, meine Knie sind leicht gebeugt, ich bin fest mit dem Boden verbunden. Mein Oberkörper ist aufgerichtet, nach oben ausgerichtet, als würde ich an einem Faden sanft nach oben gezogen.
  Mögliche Deutung: Ich bin verwurzelt auf der Erde, aufgerichtet zum Himmel, hineingestellt in diese Welt.

- Ich beginne mit der Gebärde der Sammlung, der Begrüßung und des Dankes. Ich führe die Hände mit ausgestreckten Armen nach oben und vor dem Herzen mit den Handinnenflächen zusammen. Ich verneige mich.
  Mögliche Deutung: Ich komme aus aller Zerstreutheit gesammelt vor dich. Ich bin ganz aufmerksam da und verneige mich vor deiner Größe.

- Ich führe die Arme seitlich mit den nach oben geöffneten Handflächen langsam über den Kopf, bis sich die Handflächen berühren.
  Mögliche Deutung: Ich strecke mich zu dir aus, um die Kraft aus der Höhe zu empfangen.

- Ich führe die sich berührenden Hände zur Stirn und verweile einen Augenblick.
  Mögliche Deutung: Ich nehme das, was ich von Gott empfange, in mein Bewusstsein.

- Die Hände wandern ein Stück tiefer auf Augenhöhe. Die Hände öffnen sich ca. 30–40 cm weit. Dabei öffnen sich die Augen, um sich beim Wieder-Zusammenführen der Hände erneut zu schließen.
  Mögliche Deutung: Ich öffne meinen Blick und sehe, was in der Welt geschieht.

- Die Hände gehen tiefer und berühren den Mund.
  Mögliche Deutung: Das von oben Empfangene und das in der Welt Entdeckte setze ich ins Wort. Ich bin bereit, das, was ich erkannt habe, an meine Mitmenschen weiterzugeben.

- Die Hände wandern zum Herzen.
  Mögliche Deutung: Das alles bewege ich in meinem Herzen und lasse mich davon berühren.

- Nun gehen die Hände bis zur Bauchmitte und dabei etwas nach vorne. Nur einige Fingerspitzen berühren sich, sodass die Arme mit den Händen und dem Körper einen Kreis bilden.
  Mögliche Deutung: Ich nehme mich in meiner Körperlichkeit wahr. Ich spüre meiner Lebendigkeit und der Lebenskraft Gottes nach.

- Meine Hände formen sich zu einer Schale. Ich führe sie zurück zur Bauchmitte.
  Mögliche Deutung: Ich bin bereit, mit meinem Maß das aufzunehmen, was mir geschenkt wird.

- Mit gebeugten Knien neige ich mich zum Boden und vollziehe mit meinen zur Schale geformten Händen eine schöpfende Bewegung. Nun richte ich mich wieder auf und führe die Hände bis zum oberen Bauchbereich.
  Mögliche Deutung: Ich verbinde mein persönliches Maß mit den Schätzen der Erde.

– Nun öffne ich die Hände und Arme weit zu beiden Seiten.
Mögliche Deutung: Ich schenke das, was mir geschenkt wird, weiter und werde dadurch neu beschenkt.

– Ich führe die Hände und Arme wieder zusammen zu einem Kreis, und führe die Hände, die eine kleine Schale bilden, zur Leibesmitte heran.
Mögliche Deutung: Ich bin dankbar gegenüber Gott und meinem Nächsten.

Dieser Bewegungsablauf kann mehrmals wiederholt werden und wird am Schluss wie folgt abgeschlossen:

– Ich führe die Hände nach oben, die Handinnenflächen berühren sich vor dem Herzen. Ich verneige mich.
Mögliche Deutung: Ich verneige mich aus Dankbarkeit. Ich bedenke meinen nächsten Schritt und bin bereit, meinen Weg zu gehen.

Das Beten mit dem Körper ist angelehnt an die sogenannte »Große Gebetsgebärde«. In ihr fließen mehrere traditionelle Gebärden zusammen. (siehe auch Manfred Rompf, www.manfredrompf.de)

Lectio Divina – »Göttliche Lesung«
Die Lectio Divina ist eine sehr alte Form der Schriftlesung, die aus dem betrachtenden Lesen und Hören auf das Wort lebt. In dieser besonderen Meditation erlangen die Worte der Heiligen Schrift Bedeutung für das persönliche Leben. Sie besteht aus vier Schritten, die zu einer Gotteserfahrung führen sollen: Lesung, Besinnung, Gebet und Betrachtung.

lectio: »Was sagt der Text?«
Der Abschnitt aus der Bibel wird langsam, aufmerksam und mehrfach gelesen. Der Text wird mittels einfacher Fragen aus der Nähe betrachtet: Wer? Was? Warum? Wann? Es geht darum, zu erkennen, was Gott für

die Menschen damals bedeutete, wie er sich ihnen offenbarte und wie die Menschen die Botschaft aufnahmen.

meditatio: »Was sagt der Text mir?«
Die Meditatio hat zum Ziel, den ausgewählten Text in die persönliche und gesellschaftliche Wirklichkeit zu stellen, in der wir leben. Der Text wird meditiert und die persönliche Bedeutung erfahren. Am Ende der Meditatio kann das Erfahrene in einem Wort oder Vers des Schrifttextes zum Ausdruck gebracht werden.

oratio: »Was lässt mich der Text sagen?«
Im Gebet folgt die Antwort auf die Anrede Gottes. Die Teilnehmenden tragen in einem persönlichen Gebet das vor Gott, was sie bewegt: Dank, Klage, Bitte, Lobpreis.

contemplatio: »Was bedeutet dies für mein zukünftiges Handeln?«
Die Betenden erlangen im Verlauf der Lectio Divina einen neuen Blickwinkel auf den Bibeltext und eine neue persönliche Beziehung zum Wort Gottes. Diese Erkenntnisse haben für sich genommen keinen Wert, es bedarf der Konkretisierung im Handeln. So gewinnt das Wort Bedeutung im Leben jedes Einzelnen.
Im »Ruhepunkt« wird die »Lectio Divina« in leicht abgewandelter Form eingesetzt.

Wechselgebete

Wechselgebete stellen eine gemeinsame Form des Betens dar. Sie stehen in einem gedanklichen Zusammenhang mit dem im Mittelpunkt stehenden Schriftwort. Das Schriftwort wird zum Gebet. In Lob und Dank, Bitte und Fürbitte erschließt sich die Bedeutung des Schriftwortes. So verbindet sich die Frohe Botschaft mit unserem Leben.
Bei dieser Gebetsform wechseln sich ein Vorbeter und die Gruppe mit dem Sprechen ab. Dabei setzt der Vorbeter inhaltliche Impulse, auf die

die Gruppe mit einem gleichbleibenden Ruf antwortet. Dieses gleichbleibende Element einerseits und der Wechselgesang andererseits geben dem Gebet einen meditativen Charakter. Es erinnert an das Beten einer Litanei. Es kann von Vorteil sein, das Wechselgebet den Teilnehmenden in Textform zur Verfügung zu stellen.

Fürbitten

Gott ist da. Er lässt sich ansprechen. Das ist der zentrale Gedanke des Gebetsteils. »Denn wovon das Herz voll ist, davon spricht der Mund« (Mt 12,34).

Die Fürbitten haben ihren Platz im Gebetsteil des »Ruhepunktes«. In ihnen wenden sich die Betenden direkt an den dreieinigen Gott mit ihrem Dank, ihrer Bitte und ihrer Klage. Durch diese Form der Ansprache kann die persönliche Beziehung zu dem dreieinigen Gott wachsen. Gebetserfahrungen prägen und formen unseren Glauben.

Die Beziehung zu Gott ist es, die die Betenden zu einer Gemeinschaft vereint. Eine in der Gemeinschaft ausgesprochene Fürbitte verstärkt den Charakter des Füreinander- und Miteinander-Betens.

Die Fürbitten werden in Stille oder laut ausgesprochen vor Gott gelegt. Für manche Menschen braucht es ein gewisses Maß an Überwindung, ihre Fürbitten laut auszusprechen. Hier kann allmählich Vertrautheit und Sicherheit wachsen. Es geht aber nicht darum, möglichst viele Teilnehmende dazu zu bewegen, ein perfektes Gebet zu formulieren. Vielmehr sollte das Vertrauen wachsen, dass alle Anliegen, die ausgesprochenen wie auch die unausgesprochenen, von Gott angehört werden. Die Teilnehmenden üben sich darin wahrzunehmen, was für sie selbst die passende Form ist.

In einigen Gebetstreffen begleiten symbolische Handlungen (z.B. das Entzünden von Kerzen) die Fürbitten. Durch das Einbeziehen verschiedener Wahrnehmungsformen verstärken sie das Gebet. So werden Körper und Geist gleichermaßen am Beten beteiligt.

Segensformen

Segen ist die Erfahrung von Gottes Gegenwart in unserem Leben. Durch diese Form der Teilhabe am Göttlichen wird der Mensch gestärkt und ermutigt. Der Segen erfolgt durch Wort und/oder Gesten, zum Beispiel der des Handauflegens. Der/die Segnende handelt im Auftrag Gottes und wird dadurch zum/zur Gebenden. Der gebende und der empfangende Mensch erfahren dadurch auf besondere Weise die Gemeinschaft vor Gott.

Im »Ruhepunkt« werden verschiedene Formen des Segnens verwendet.

SEGENSLIED

Das Segenslied besteht aus einem leicht eingängigen Text und einer einfachen Melodie, die auch ohne Noten einprägsam ist. In den vorliegenden »Ruhepunkten« wird ausschließlich folgendes Segenslied verwendet. Dies kann gegebenenfalls durch ein anderes Lied ersetzt werden.

Text: Numeri/4. Mose 6, 24–26
Musik: Martin Schultheiß

Die Aussage des Segensliedes kann durch den Einsatz von Gesten verstärkt werden. Die Gesten verdeutlichen den Inhalt des Segensliedes und lassen ihn über die Beteiligung verschiedener Sinne spürbar werden.

SEGENSGESTEN

Es gibt Segensgesten, die ein hohes Maß an Nähe mit sich bringen, oder auch Gesten, die einen größeren Raum zwischen den Teilnehmenden lassen. Es empfiehlt sich, mit den Teilnehmenden abzusprechen, welche Form gewählt wird.

Segen in der Gruppe

Die Teilnehmenden sitzen oder stehen im Kreis und halten die Arme leicht nach oben ausgestreckt mit den Handflächen nach unten.

Hand auflegen

Der Segen kann durch Handauflegen auf Schulter oder Kopf erteilt werden. Beim Auflegen auf die Schulter können die Teilnehmenden im Kreis stehen und jeweils die rechte Hand auf die Schulter des rechten Nachbarn legen. Die freie linke Hand wird zu einer Schale geformt leicht erhoben. Mit dieser Geste wird das Empfangen und Weitergeben des Segens ausgedrückt.

Der Segen durch Handauflegen auf den Kopf stellt eine sehr persönliche Art des Segens dar und eignet sich besonders für Einzelsegnungen.

Zeichnen eines Kreuzes auf die Stirn

Die Teilnehmenden zeichnen sich gegenseitig ein Kreuz auf die Stirn mit dem gleichzeitigen Aussprechen eines frei oder vorformulierten Segnungstextes.

Partnersegen

Der Partnersegen ist ein Segen, den sich zwei Personen gegenseitig nacheinander schenken oder die Teilnehmenden hintereinander im

Kreis stehend, sodass jeder Teilnehmende auf den Rücken des vor ihm Stehenden blickt. Eine Person spricht den Text, sodass die Teilnehmenden den Worten folgend die Handlungen ausführen können:

Ich muss nicht alles aus eigener Kraft leisten. Gott wirkt durch die Hände anderer.

Ich stehe hinter dir
und klopfe leicht von oben bis unten über deine Schultern. Spannungen und Verspannungen werden spürbar.
Ich streiche weiter über deine Schultern hinaus und den Rücken langsam herunter.
Wie fühlt sich das an? Was empfindest du?
Ich stehe hinter dir und lege meine Hände unter deine Schulterblätter.
Ich lasse meine Hände einen Augenblick ruhen. Meine Ruhe und Kraft darf dich bis ins Herz erwärmen.
Um Segen bitte ich für dich.
Segenskraft möge zu dir kommen, in dir wirken, sich in dir ausbreiten.
Du sollst ein Segen sein für dich selbst und andere.
Ich lasse dich jetzt deinen Weg gehen und danke dir für dein Vertrauen.
Gehe in Frieden. Amen.

SEGENSGEBETE

Segensgebete können frei formulierte Gebete sein, die für persönliche Vorhaben oder Herausforderungen gesprochen werden. Darüber hinaus gibt es eine Fülle von vorformulierten Segnungsgebeten in Literatur und Internet für alle möglichen Anlässe, zum Teil auch mit vorgegebenen Gesten. Im »Ruhepunkt« ist es von Vorteil, einfache, leicht mitzusprechende Texte zu verwenden.

Die Mitte

Die Teilnehmenden versammeln sich um eine gestaltete Mitte. Zentraler Mittelpunkt ist eine Kerze, die auf die Gegenwart Gottes hinweist. Dem Prinzip der Einfachheit folgend, wird die Gestaltung der Mitte möglichst schlicht gehalten. Je nach Thema bietet es sich an, ausgewählte Symbolgegenstände oder Materialien bei der Gestaltung der Mitte zu verwenden. Die Mitte sollte den Raum für eigene Gedanken öffnen. Eine Ablenkung durch zu viele Details sollte vermieden werden. Empfehlenswert ist ein gleichbleibendes Grundmuster, zum Beispiel die Verwendung einer großen Schale mit Kerze.

Austausch

Nach dem offiziellen Ende, dem Segen, steht es den Teilnehmenden frei, sich für Begegnung und Austausch Zeit zu nehmen. Es wird ein Raum eröffnet, in dem die ruhige Atmosphäre weiterwirken sollte. Bei einem Getränk, zum Beispiel einer Tasse Tee, können sich persönliche Gespräche ergeben, die den Inhalt des Abends aufgreifen und weiter vertiefen. Die Verbindung von Glauben und Leben wird konkret erfahrbar. Auch diesem Element sollte das Prinzip der Einfachheit zu Grunde liegen.

Methoden und Medien

Methoden

Der in diesem Buch verwendete Begriff der »Methode« beschreibt Vorgehensweisen, mit Hilfe derer sich die Teilnehmenden mit dem Thema des Gebetstreffens auseinandersetzen. Bei der Auswahl der Methoden ist dem Prinzip der Einfachheit und Ganzheitlichkeit zu folgen. Es sind folgende Aspekte berücksichtigt worden:

- Zusammensetzung des Teilnehmerkreises (z.B. Vorerfahrungen in Meditation)

- Was soll erreicht werden? (z.B. durch abwechselndes Lesen erreicht man eine stärkere Einbindung der Teilnehmenden, intensivere Gruppenerfahrung)
- Wie groß ist der Zeitrahmen, der für diese Vorgehensweise zur Verfügung steht?
- Welche Hilfsmittel (Medien) werden benötigt?

Die verwendeten Methoden sollen auf möglichst vielfältige Weise Zugänge eröffnen, mit Gott und sich selbst in Berührung zu kommen. Die ausgewählte Vorgehensweise soll dazu führen, den Kerngedanken des Abends zu verinnerlichen. Dabei spielen die Wahrnehmung und die Beteiligung unterschiedlicher Sinne eine bedeutende Rolle. So kann zum Beispiel achtsames Gehen zur Verinnerlichung von Gedanken über das Wirken des Heiligen Geistes eingesetzt werden.

Folgende Methoden finden Verwendung:
- Fantasiereise
- Bibel-Teilen
- Abwechselndes Lesen
- Wiederholendes Lesen
- Bildbetrachtung
- Schreibmeditation
- Achtsames Gehen

Fantasiereise

Hierbei handelt es sich um Geschichten, die die Teilnehmenden anregen sollen, Vorstellungen zu assoziieren und zu entwickeln. Die Gedanken werden in eine bestimmte Umgebung geführt, die durch eine differenzierte Beschreibung Stimmungen und Befindlichkeiten lebendig werden lässt. Die Geschichte sollte so vorgetragen werden, dass die Zuhörenden sich gut in die Szene hineinversetzen können. Ähnlich wie bei der Stille ist das Ausleiten aus der Fantasiereise, das Zurückkehren in Raum und

Zeit bedeutsam. Ein Beispiel für eine Fantasiereise findet sich in: Februar – Spuren im Schnee.

Bibel-Teilen

Das Bibel-Teilen ist eine in sieben Schritten gestaltete Methode, um die Bibel kennenzulernen und aus ihr Kraft und Anregung für das tägliche Leben gewinnen zu können. Sie ähnelt der Methode Lectio Divina, legt aber den Schwerpunkt mehr auf den Austausch in der Gruppe. Beide Methoden können eine spirituelle Tiefe beinhalten, die sie zu mehr als einer Methode werden lässt: Jesus wird im Wort und in der Gemeinschaft gegenwärtig.

Schritt 1: Begrüßen – sich zu Jesus setzen

»Wir werden uns bewusst, dass Christus in unserer Mitte ist: Wir begrüßen Christus in unserer Mitte.«

Schritt 2: Lesen – das Wort Gottes verkünden und hören

»Wir lesen den ausgewählten Bibeltext zweimal laut vor.«

Schritt 3: Sich ansprechen lassen – den verborgenen Schatz heben

»Wir sprechen Worte oder kurze Satzteile, die uns berührt haben, dreimal wie im Gebet aus. Zwischen den Wiederholungen lassen wir eine kurze Stille.«

Schritt 4: Miteinander schweigen – die Gegenwart Gottes wahrnehmen

»Wir halten jetzt einige Minuten Stille und versuchen zu hören, was Gott uns sagen will.«

Schritt 5: Mitteilen – gemeinsam Gott begegnen durch die anderen

»Welches Wort hat mich angesprochen? Wir teilen einander mit, was uns im Herzen berührt hat.«

Jede/r spricht von sich in der ersten Person. Keine Diskussion, kein Vortrag.

Schritt 6: Handeln – sich senden lassen

»Wir tauschen uns darüber aus, was wir in unserem Umfeld wahrnehmen. Welche Aufgabe fordert uns heraus? Was wollen wir konkret angehen?« Christus handelt durch uns in der Welt.

Schritt 7: Beten – alles noch einmal vor Gott bringen
»Wir beten miteinander und formulieren frei unsere Anliegen.«
(nach: Nationalteam Kleine Christliche Gemeinschaften in Deutschland 2010. www.kcg-net.de)

Abwechselndes Lesen
Das abwechselnde Lesen soll die Teilnehmenden stärker in den Ablauf des »Ruhepunktes« miteinbinden, um die Aufmerksamkeit zu erhöhen. Einzelne Sätze oder Textteile werden von wechselnden Personen gelesen. Diese Methode begegnet den Teilnehmenden im thematischen Impuls oder im Gebetsteil.

Wiederholendes Lesen
Durch wiederholendes Lesen wird der Text differenzierter wahrgenommen. Dadurch können die Teilnehmenden für sie persönlich bedeutsame Aussagen erkennen und betrachten. Das wiederholende Lesen wird im thematischen Impuls angewendet.

Bildbetrachtung
Der Begriff der Bildbetrachtung wird im Sinne eines einfachen Anschauens einer Abbildung verwendet. Dabei müssen keine Regeln oder Vorgaben berücksichtigt werden. Das Bild soll zu eigenen Assoziationen anregen und persönliche Erfahrungen wachrufen. Es visualisiert das Thema des »Ruhepunktes« und findet sich im thematischen Impuls wieder.

Schreibmeditation
Die Schreibmeditation dient in besonderem Maße der Fokussierung und Sammlung der Gedanken. Es können entweder Textteile, Sätze und Wörter abgeschrieben oder aus der Erinnerung notiert werden. Das Schreiben sollte ungefiltert, unbewertet und ohne größere Unterbrechungen stattfinden. In der Regel werden die Ergebnisse den anderen

Teilnehmenden nicht mitgeteilt. Die Schreibmeditation hat in den Gebetstreffen ihren Platz in der Stille.

Der Begriff der »Medien« wird im vorliegenden Buch im Sinne von »Hilfsmittel« gebraucht, die sowohl der Vermittlung von Informationen, Impulsen und Erfahrungen als auch der Atmosphäre dienen. Einige der verwendeten Medien haben Symbolcharakter, zum Beispiel die Kerze in der Mitte. Das Thema soll durch den Einsatz von Medien veranschaulicht, begreifbar werden und zu einer aktiven Auseinandersetzung anregen. Die verwendeten Medien sind eng mit dem inhaltlichen Gedanken des »Ruhepunktes« verknüpft und dienen nicht der Dekoration.

Achtsames Gehen

Im achtsamen Gehen wird die Aufmerksamkeit auf den gegenwärtigen Moment gerichtet. Eine unbewusste, automatisierte Bewegung wird ins Bewusstsein gehoben und mit großer Aufmerksamkeit vollzogen. Dabei reduzieren sich die Gedanken auf diesen Vorgang. Das achtsame Gehen kann so eine Hilfe sein, zur Ruhe zu kommen, sich einem Impuls und der Begegnung mit Gott zu öffnen.

Das achtsame Gehen ist ein behutsames Schreiten. Dabei wird der Fuß langsam über die Fußsohle abgerollt. Die Teilnehmenden spüren dem Kontakt der Sohle zum Boden nach. Veränderungen in der Gewichtsverlagerung und der Körperhaltung werden bewusst wahrgenommen.

Die Übung wird im Vorfeld erläutert. Das Gehen kann von ruhiger Musik begleitet werden oder findet schweigend statt.

Medien

Der in diesem Buch verwendete Begriff der Medien umfasst Materialien und Gegenstände, die als Hilfsmittel zur Vermittlung des Themas dienen. Die eingesetzten Medien haben Anschauungscharakter, praktischen Nutzen oder werden im handelnden Umgang erfahren.

Folgende Medien finden in den Gebetstreffen Verwendung:

- Taizé-Liederheft
- Taizé-Instrumentalmusik
- Schale mit Kerze
- Symbolgegenstände
- Kreuz und Ikonen aus Taizé
- Wortkarten
- Farbige Chiffontücher
- Naturmaterialien
- Fotos/Bilder
- Klangschale

Taizé-Liederheft

Das offizielle Liederheft »Die Gesänge aus Taizé« ist im Buchhandel oder in Taizé erhältlich. Es enthält zum Teil mehrstimmige Lieder mit mehrsprachigen Texten. Weiterführende Notenliteratur ist über die Internetseite von Taizé erhältlich. Diesem Buch liegt die Ausgabe von 2016 zugrunde.

Taizé-Instrumentalmusik

Die Musik aus Taizé kann über den Downloadbereich der Internetseite von Taizé gekauft werden. Ebenso können CDs über den Buch- oder Internethandel bestellt oder direkt in Taizé erworben werden.

Schale mit Kerze

Eine schlichte, ausladende Schale mit einer großen Kerze ist das prägende Element der Mitte. Die Kerze symbolisiert die Gegenwart Gottes in der Gemeinschaft der Teilnehmenden. In ihrer schlichten, runden Form und ihrer Weite versinnbildlicht die Schale die Haltung der Teilnehmenden: bereit sein zu empfangen und zu geben.

Symbolgegenstände

Es werden verschiedene Gegenstände verwendet, die im Betrachten oder im handelnden Umgang Erfahrungen ermöglichen, denen eine besondere Bedeutung zukommt. Durch ihren Symbolcharakter weisen sie über sich selbst hinaus auf eine andere Wirklichkeit. In der Auseinandersetzung mit den Gegenständen können die Teilnehmenden diese Bedeutung für sich persönlich entdecken. In Verbindung zum Thema erschließt sich die religiöse Dimension.

Kreuz und Ikonen aus Taizé

Das Kreuz als *das* christliche Symbol sollte gut wahrnehmbar im Raum gegenwärtig sein. Wenn möglich, kann es in den Sitzkreis integriert werden, zum Beispiel als Aufstellkreuz. Es soll spürbar werden, dass Christus anwesend ist. Das Taizé-Kreuz ist als Ikone gestaltet. »Ikonen tragen dazu bei, dass im Gebet die Schönheit einen Platz hat. Sie sind wie Fenster, die auf die Wirklichkeit des Reiches Gottes hin geöffnet sind und sie gegenwärtig machen, wo immer Menschen auf der Erde beten. Sie legen es nahe, sich selbst verklären zu lassen. Ikonen sind zwar Bilder, aber keine reinen Bebilderungen oder Schmuck. Sie sind Sinnbilder der Menschwerdung, sie vergegenwärtigen dem Auge die spirituelle Botschaft, die das Ohr durch das Wort empfängt.« (http://www.taize.fr/de_article290.html)

Wortkarten

Sie dienen als Visualisierung und Hervorhebung von Kernaussagen des jeweiligen Themas. Sie eröffnen den Teilnehmenden eine persönliche Auswahl und Fokussierung. Sie bestehen aus festem Papier, gut lesbar beschriftet und auf wenige Worte reduziert. Es ist empfehlenswert, die Wortkarten in mehrfacher Ausführung anzubieten.

Farbige Chiffontücher

Chiffontücher sind in ihrer Leichtigkeit und Transparenz gut zur Gestaltung der Mitte geeignet. Die Tücher werden in verschiedenen Farbtönen entsprechend ihrer symbolischen Wirkung verwendet.

Naturmaterialien

Um den besonderen Charakter einer Jahreszeit zu verdeutlichen, lassen sich Materialien aus der Natur einsetzen. Sie weisen auf die Botschaft des Themas hin. So dient buntes Herbstlaub nicht als Dekoration, sondern weist auf die Veränderung und Verwandlung des Lebendigen hin.

Fotos/Bilder

Als visueller Impuls transportieren Bilder und Fotos den Kerngedanken des Gebetstreffens. Die Betrachtung dient der Sammlung, dem Assoziieren eigener Gedanken und der Anknüpfung an persönliche Erfahrungen. Einen großen Fundus von Fotos gibt es im Internet auf kostenlosen Fotoportalen. Sie lassen sich meist ohne Qualitätsverlust vergrößern.

Klangschale

Eine gute Klangschale erzeugt einen Ton, der als akustisches Signal zum Anfang und zum Ende der Stille eingesetzt werden kann. Die Schwingungen sind für die Teilnehmenden physisch spürbar und eröffnen so einen besonderen Erfahrungsraum. Die Auswahl an Klangschalen ist sehr groß. Hier empfiehlt es sich, der persönlichen Neigung und dem vorhandenen Budget zu folgen.

Werbung

Die Treffen sind als kontinuierliches Angebot gedacht, um ein geistliches Wachstum zu ermöglichen. Daher empfiehlt sich eine längerfristige Terminplanung, die entsprechend veröffentlicht werden sollte. Unserer Erfahrung nach ist eine Jahresplanung sinnvoll.
Eine Werbung sollte auf die individuellen Gegebenheiten abgestimmt werden und einen Wiedererkennungswert haben.

Folgende Werbeträger können zum Beispiel verwendet werden:
- Soziale Netzwerke
- Gemeindehomepages
- E-Mail-Verteiler
- Flyer
- Presse (Gemeindezeitung, Pfarrblatt usw.)

Soziale Netzwerke
Da inzwischen nicht nur junge Menschen diese Medien nutzen, kann über diesen Weg eine große Gruppe von Interessierten angesprochen werden.

E-Mail-Verteiler
Ein E-Mail-Verteiler eignet sich für eine zeitnahe standardisierte Erinnerungs-E-Mail für den nächsten Termin.

Flyer
Sie sollten eine kurze Beschreibung des Angebotes sowie die Jahrestermine beinhalten. Im Internet finden sich Layout-Programme (z.B. Scribus), die bei einer ansprechenden Gestaltung hilfreich sein können. Fotomaterial kann über z.T. kostenlose Fotoportale bezogen werden. Die Bilder sollten zu dem Profil der Veranstaltung passen.

Beispieltext:
Zeit für Stille und Gebet
Im Mittelpunkt der Meditationen steht eine Stille, in der wir uns Zeit für Gott nehmen und einfach »nur« da sind. Impulse und Lieder aus Taizé helfen uns dabei.
Der »Ruhepunkt« findet … (Zeit, Ort) statt. Wer etwas mehr Zeit mitbringt, kann im Anschluss noch bei einer Tasse Tee verweilen und mit anderen ins Gespräch kommen.
Termine: …

»Ruhepunkte«
für Feste und besondere Zeiten

Advent

Aufbruch

Eröffnung

Lied

Tu sei sorgente viva (Du bist der Quell des Lebens, Feuer, Wärme, Licht …)

Begrüßung und Vorstellung des Themas

Advent kann eine Zeit des Aufbruchs, des Neubeginns und der Neuorientierung sein. Wonach möchte ich mich (neu) ausrichten, worauf richte ich meine Aufmerksamkeit in dieser besonderen Zeit? Diese Gedanken haben heute Raum.

Lied

Jésus le Christ (Christus, dein Licht verklärt unsere Schatten …)

Thematischer Impuls

Aufbruch und Neubeginn sind mit Bewegung verbunden. Wo ich aufbreche, mich neu orientiere, die Perspektive wechsele, mich nach etwas anderem ausrichte, da bin ich in Bewegung. Wo kann ich etwas in Bewegung bringen, was schon lange darauf wartet, angestoßen zu werden?

Im Raum sind Papierstreifen auf dem Boden verteilt. Auf diesen steht zum Beispiel:
Was ich dir schon immer mal sagen wollte …
Das werde ich jetzt tun …
Heute komme ich dich besuchen …

Jetzt höre ich endlich mal zu …
Dieses Lob ist für dich …
Du bist so wertvoll für mich …
Das wollte ich schon immer einmal machen …
Danke …

Die Teilnehmenden werden zu achtsamem Gehen (siehe S. 34) aufgefordert. Zu leiser Musik gehen die Teilnehmenden im Raum umher und lesen die Impulse auf den Papierstreifen. Denjenigen, der sie am meisten anspricht, können sie aufheben. Einige leere Papierstreifen können mit eigenen Gedanken beschrieben werden. Dieser Satzanfang oder Gedanke ist der persönliche Impuls in der Stille. Beim Ausklingen der Musik setzen sich alle Teilnehmenden wieder.

Lied

Bless the Lord (als Hintergrundmusik)

Stille

Einleiten der Stille

Übung zur Körperwahrnehmung.

Impuls in der Stille

Auf einen laut ausgesprochenen Impuls wird verzichtet. Jede/r Teilnehmende bewegt seinen/ihren persönlichen Impuls in der Stille.

Ausleiten der Stille mit Lied

The Kingdom of God (Das Reich Gottes ist Gerechtigkeit, Friede und Freude …)

Gebetsteil

Fürbitten

Advent ist eine Zeit, die mich herausfordert, dir, Herr, entgegenzugehen. Sie ist eine Chance, alte Pfade zu verlassen, einmal die Perspektive zu wechseln und dich in der Geburt deines Sohnes neu zu entdecken. So bringe ich meine Anliegen, Gedanken, Bitten und meinen Dank vor dich …

Vaterunser

Wir legen alle unsere Anliegen in deine Hände und beten: Vater unser…

Segen

Segenslied (vgl. S. 27)

Medien

Taizé-Instrumental CD, Taizé-Liederheft
Papierstreifen mit verschiedenen Impulssätzen
Einige leere Papierstreifen mit Stiften für eigenen Gedanken
Gestaltung der Mitte:

- Schale mit Kerze
- Tannenzweige in die Schale legen
- Teelichter/Kerzen entsprechend der Adventszeit auf den Tannenzweigen verteilen

Advent

Erwarten

Eröffnung

Lied

Bonum est confidere (Gut ist es, dem Herrn zu vertrauen)

Begrüßung und Vorstellung des Themas

Im Advent wird im Blick auf die Menschwerdung Gottes viel vom Erwarten gesprochen. Wir wollen uns mit diesem Begriff auseinandersetzen. Etwas erwarten oder In-Erwartung-Sein: Mit einer Schreibmeditation nähern wir uns dem Begriff und spüren nach, was wir persönlich damit verbinden.

Lied

Confitemeni Domino (Dankt dem Herrn, denn er ist gut)

Thematischer Impuls

Anhand einer Schreibmeditation (siehe S. 33) setzen wir uns mit folgenden Fragen auseinander:
Was ist für mich Erwarten? Welche unterschiedlichen Erfahrungen stecken für mich im Wort Erwarten?

Jede/r Teilnehmende erhält einen Stift und Papierkärtchen zum Niederschreiben der Gedanken. Dauer: max. 5 Minuten.
Die Teilnehmenden können zum Abschluss der Schreibmeditation ihre Gedanken vorlesen und zur Mitte legen. Eine Bewertung oder ein Gespräch darüber sollte vermieden werden.

Lied
Wait for the Lord (Nah ist der Herr, … bleibt wach)

Erwarten hat zwei Seiten:
Wenn ich konkrete Vorstellungen und Erwartungen für mein Leben habe, werde ich Gott nicht begegnen. Denn Gott ist größer. Er lässt sich nicht nach meinen Wünschen formen.
Wenn ich dagegen erwartend bin, dann öffne ich mich und lasse geschehen. Ich bin einfach da und bereit für die Möglichkeiten, die Gott mir zukommen lässt.
Ich bin erwartend.
Diese offene Haltung versuchen wir in der Stille einzuüben. Einfach da sein, wach sein, offen sein.

Lied
In manus tuas, Pater (Vater, in deine Hände lege ich meinen Geist)

Stille

Einleiten der Stille
Übung zur Körperwahrnehmung.

Impuls in der Stille
Ich erwarte dich!

Ausleiten der Stille mit Lied
Mon âme se repose (Bei Gott bin ich geborgen, still, wie ein Kind)

Gebetsteil

Fürbitten

Gott, unser Vater, es fällt uns schwer, dich zu erwarten, mit deinem Wirken in unserem Leben zu rechnen. Oft meinen wir zu wissen, was ein Gott tun sollte oder auch nicht. Oft verstehen wir dein Wirken nicht oder wir können es nicht erkennen. So wollen wir in unserer Bedürftigkeit vor dich treten und erwartend unsere Bitten vor dich bringen …

Vaterunser

Im Vertrauen darauf, dass du uns hörst, beten wir gemeinsam:
Vater unser…

Segen

Segenslied

Im Kreis stehend, rechte Hand auf die linke Schulter des Nachbarn, linke Hand zu einer Schale geformt. Mit dieser Geste wird das Empfangen und Weitergeben des Segens ausgedrückt. In dieser Haltung wird das Segenslied gesungen.

Medien

Taizé-Instrumental CD, Taizé-Liederheft
Gestaltung der Mitte:

- Schale mit Kerze
- Tannenzweige in die Schale legen
- Teelichter/Kerzen entsprechend der Adventszeit auf den Tannenzweigen verteilen
- Stifte
- Papierkärtchen

Advent

Still werden

Eröffnung

Lied

Seigneur, tu gardes mon âme (Herr, du behütest meine Seele)

Begrüßung und Vorstellung des Themas

Der Advent kann eine sehr laute und lebhafte Zeit sein. Um Gott allerdings zu begegnen, um mit ihm den Weg zur Krippe zu gehen, müssen wir schweigen und still werden. Daher werden wir versuchen, in der Stille einfach nur »da« zu sein und uns für seine Gegenwart zu öffnen.

Lied

Christ lux mundi (Christus, Licht der Welt)

Thematischer Impuls

»Bei Gott allein wird ruhig meine Seele,
von ihm kommt mir Rettung.
Er allein ist mein Fels und meine Rettung,
meine Burg, ich werde niemals wanken. …
Bei Gott allein werde ruhig meine Seele,
denn von ihm kommt meine Hoffnung.
Er allein ist mein Fels und meine Rettung,
meine Burg, ich werde nicht wanken.« (Ps 62,2–3.6–7)

In der Stille, im Schweigen habe ich Gelegenheit, in meine Seele zu schauen, und kann meine Hoffnungen, Ängste, meine Einsamkeit, Bedürftigkeit oder Verletzlichkeit entdecken. Die Stille ist eine Voraussetzung, um Gott wahrzunehmen. Ich kann die Begegnung mit Gott nicht erzwingen, und doch wird mich jede Stille ihm ein Stückchen näherbringen. In der Stille will ich mich heute auf Gott hin öffnen und ihm eine Haltung des »Da-Seins« entgegenbringen.

Lied

Mon âme se repose (Bei Gott bin ich geborgen, still, wie ein Kind)

Stille

Einleiten der Stille

Übung zur Körperwahrnehmung.

Impuls in der Stille

Nur zu Gott hin wird meine Seele still.

Ausleiten der Stille mit Lied

Bleib mit deiner Gnade bei uns

Gebetsteil

Fürbitten

Guter Gott, du willst mir immer wieder begegnen, um mich heil zu machen. In der Stille suche ich dich – komm du mir entgegen. Geh mit mir gemeinsam den Weg zur Krippe und höre meine Bitten und Anliegen …

Vaterunser

Wir fassen alles, was uns bewegt, in dem Gebet zusammen, das Jesus uns gelehrt hat: Vater unser …

Segen

Segenslied

Medien

Taizé-Instrumental CD, Taizé-Liederheft

Gestaltung der Mitte:

- Schale mit Kerze
- Tannenzweige in die Schale legen
- Teelichter/Kerzen entsprechend der Adventszeit auf den Tannenzweigen verteilen

Advent

Bereitet dem Herrn den Weg

Eröffnung

Lied

Laudate Dominum (Lobt den Herrn, alle Völker)

Begrüßung und Vorstellung des Themas

Die Adventszeit dient uns zur Vorbereitung auf das Weihnachtsfest. Sich bereitmachen, sich vorbereiten, dem Herrn den Weg bereiten – mit diesen Gedanken wollen wir uns in diesem »Ruhepunkt« beschäftigen.

Lied

Seigneur, tu gardes mon âme (Du behütest meine Seele … Führe mich auf dem Weg …)

Thematischer Impuls

»Eine Stimme ruft: In der Wüste bahnt den Weg des Herrn, ebnet in der Steppe eine Straße für unseren Gott!« (Jes 40,3)

Advent – Vorbereitung auf Weihnachten, sich bereit machen für die Ankunft Jesu. Für jedes Fest räumen wir auf und stellen unwichtigere Dinge zurück. Mein Herz aufräumen, die Straße für Jesu Ankunft ebnen – dazu braucht es meine Entscheidung, wer oder was wichtig ist. Heute nehmen wir uns Zeit, in unser Herz zu schauen. Bin ich bereit für Jesu Geburt oder steht mir etwas im Weg? Wie kann ich damit umgehen?

Lied

Aber du weißt den Weg für mich

Stille

Einleiten der Stille

Übung zur Körperwahrnehmung.

Impuls in der Stille

Baut in der Steppe eine ebene Straße für unseren Gott!

Ausleiten der Stille mit Lied

I am sure I shall see (Ich bin gewiss, zu schauen die Güte des Herrn im Land der Lebenden)

Gebetsteil

Fürbitten

Guter Gott, die Adventszeit ist oft eine Zeit, die mit vielen – auch schönen – Dingen vollgepackt ist. Für die Vorbereitung meines Herzens auf deine Ankunft bleibt da manchmal nicht viel Zeit. Oft stehen wir gehetzt, überfordert und ausgebrannt vor dir. In dem festen Vertrauen, dass du uns entgegenkommst, legen wir unsere Bitten vor dich …

Vaterunser

Herr, du behütest meine Seele und kennst mein Herz. Daher bete ich zu dir: Vater unser …

Segen

Segenslied

Medien

Taizé-Instrumental CD, Taizé-Liederheft

Gestaltung der Mitte:

- Schale mit Sand und großer Kerze
- Teelichter in der Zahl der Adventssonntage in den Sand um die Kerze stellen

Maria

Eröffnung

Lied

Christe, lux mundi (Christus, Licht der Welt)

Begrüßung und Vorstellung des Themas

In der Advents- und Weihnachtszeit ist sehr oft die Rede von Maria. Wie geht Maria mit der Anfrage Gottes um? Was können wir von ihr lernen? Wir wollen diesen Gedanken in der Stille nachspüren und sie auch im achtsamen Gehen in Bewegung bringen.

Lied

Bonum est confidere (Gut ist es, dem Herrn zu vertrauen)

Thematischer Impuls

»Da sagte Maria: Siehe, ich bin die Magd des Herrn; mir geschehe, wie du es gesagt hast. Danach verließ sie der Engel.« (Lk 1,38)

Marias Antwort auf die Ankündigung des Engels besteht aus einem einzigen Satz: Ich bin die Magd des Herrn, mir geschehe, wie du es gesagt hast.
Maria lässt es geschehen. Sie gibt sich ganz in Gottes Hände, auch wenn das für sie eine unsichere Zukunft bedeutet. Sie ist offen für Gottes Ansprache und bereit, sich Gott zur Verfügung zu stellen – sie bricht auf und vertraut ihre ganze Zukunft Gott an.
Welche Haltung liegt dieser Antwort zugrunde?

Um die Mitte herum sind Papierstreifen verteilt mit folgenden Begriffen: Vertrauen, Sehnsucht, Hingabe, Demut, Hoffnung, Erwartung, Geborgenheit, Sich-berühren-Lassen, Zuversicht, bereit sein …
Wo finde ich mich wieder? Kann ich Marias Antwort nachvollziehen? Wie hätte ich geantwortet? Was bräuchte ich, um so wie Maria zu antworten?
Wir bewegen Marias Haltung in der Stille.

Lied
In manus tuas, Pater (Vater, in deine Hände lege ich meinen Geist)

Stille

Nach der Stille werden die Gedanken im achtsamen Gehen (siehe S. 34) in Bewegung gesetzt. Mit ruhiger Musik wird die Stille ausgeleitet, die Teilnehmenden stehen still auf und gehen achtsam im Raum umher. Mit Ende der Musik setzen sich alle Teilnehmenden wieder auf ihre Plätze.

Einleiten der Stille
Übung zur Körperwahrnehmung.

Impuls in der Stille
Mir geschehe, wie du es gesagt hast.

Ausleiten der Stille
mit ruhiger Musik (z.B. Lied: De Noche) während des achtsamen Gehens.

Gebetsteil

Fürbitten

Guter Gott! Maria hat sich voller Vertrauen auf deine Anfrage eingelassen. Sie war offen und bereit, sich ganz in deine Hände zu geben. Uns fällt das oft sehr schwer. Und doch möchten wir uns immer wieder darin üben, unsere Bitten, unsere Zweifel und unseren Dank voller Vertrauen vor dich zu bringen.
Für jede ausgesprochene oder stille Fürbitte entzünden wir ein Teelicht und stellen es zur Mitte …

Vaterunser

Wir wollen uns immer wieder im Vertrauen üben und beten zu dir: Vater unser …

Segen

Segenslied

Medien

Taizé-Instrumental CD, Taizé-Liederheft
Papierkärtchen beschriftet mit: Vertrauen, Sehnsucht, Hingabe, Demut, Hoffnung, Erwartung, Geborgenheit, Sich-berühren-Lassen, Zuversicht, bereit sein …
Einige leere Papierkärtchen und einen Stift für spontane Ergänzungen
Gestaltung der Mitte:

- Schale mit Tannenzweigen und Kerze
- Teelichter für Fürbitten um die Schale gestellt

Sich verschenken – beschenkt werden

Eröffnung

Lied
Seigneur, tu gardes mon âme (Herr, du behütest meine Seele)

Begrüßung und Vorstellung des Themas
Schenken – an Weihnachten dreht sich alles schon im Vorfeld um das Schenken. Seit Wochen werden wir in allen Medien damit bestürmt, rechtzeitig die originellsten und schönsten Geschenke für all unsere Lieben zu besorgen.
Das Gebet der Töpfer setzt einen ganz anderen Akzent.

Lied
Meine Hoffnung und meine Stärke (im Taizé-Liederheft unter: El Senyor)

Thematischer Impuls
Herr, ich bin jetzt vor dir wie eine getöpferte Schale;
ich möchte mich öffnen und offen sein – zum Nehmen,
ich möchte mich öffnen und offen sein – zum Geben,
ich möchte mich öffnen und offen sein – um zum Geschenk zu werden.
Herr, mache mich offen für dich und für mich,
wie eine Schale – aus der du etwas nimmst,
wie eine Schale – in die du etwas hineinlegen kannst.

Herr, du hast mich gestaltet auf deiner Töpferscheibe,
ich bin unverwechselbar für dich.

Ich bin dir wertvoll genug,
sodass du in mich etwas hineinlegen kannst,
sodass ich von dir und durch dich gefüllt bin.
So möchte ich leben, Herr,
wie eine Schale für meine Mitmenschen,
offen für ihr Leben, für die Liebe,
die sie verschenken wollen,
offen für ihren Alltag, für ihre Sorgen und Nöte,
für ihre Freude und ihren Schmerz.

Herr, mache mich zu einer Schale.
nach dem Gebet der Töpfer von Taizé

Wir wollen die Bitte dieses Gebetes in der Stille einüben. Wir wollen ganz bewusst versuchen, »zur Schale« zu werden und offen zu werden zum Nehmen, zum Geben und zum Geschenkt-Werden. Wir wollen empfänglich werden, so wie diese Klangschale, die nur ihren Klang entfaltet, wenn sie leer ist.

Lied
Behüte mich, Gott

Stille

Einleiten der Stille

Übung zur Körperwahrnehmung:
Ich sitze aufrecht und entspannt. Meine Aufmerksamkeit geht zum Becken. Ich nehme mein Becken als Schale wahr. Ich gehe in Gedanken an den Wänden der Schale entlang und erfasse so die Form. Die Schale öffnet sich nach oben hin und wird weit. Meine Hände liegen in meinem Schoß ebenfalls zu einer Schale geformt. Ich werde als Ganzes

zum Gefäß und ich bin bereit, zu empfangen, was Gott in mich hineinlegen will.

Impuls in der Stille

Herr, mache mich zu einer Schale.

Anschlagen der Klangschale

Ausleiten der Stille

Anschlagen der Klangschale

Gebetsteil

Fürbitten

Guter Gott, so unterschiedlich wie diese Schalen, die hier vor uns stehen, sind wir: mal klein und eng und manchmal weit und groß. Du willst uns mit deiner Güte, deiner Liebe und deiner Gegenwart füllen – mache uns bereit dazu. Lass uns offen sein für unsere Mitmenschen, für ihre Sorgen und Nöte und lass uns für sie und uns beten …

Vaterunser

An Weihnachten schenkst du dich uns in deinem Sohn, guter Gott. Wir beten zu dir: Vater unser …

Segen

Segenslied

Im Kreis stehend, rechte Hand auf die linke Schulter des Nachbarn, linke Hand zu einer Schale geformt. Mit dieser Geste wird das Empfangen und Weitergeben des Segens ausgedrückt.

Medien

Taizé-Instrumental CD, Taizé-Liederheft

Klangschale (Sollte keine Klangschale vorhanden sein, kann die Stille auch mit einem Lied ausgeleitet werden. Der Hinweis im thematischen Impuls auf die Klangschale entfällt dann.)

Gestaltung der Mitte:

- Schale mit Kerze
- unterschiedlich große getöpferte Schalen mit jeweils einem Teelicht darin

Fastenzeit

Ballast abwerfen

Eröffnung

Lied

Seigneur, tu gardes mon âme (Herr, du behütest meine Seele)

Begrüßung und Vorstellung des Themas

Wir verlieren uns manches Mal im Detail und belasten uns mit unnötigen Dingen. Da kann es helfen, innezuhalten, Abstand zu gewinnen und die Dinge neu zu gewichten. Die Fastenzeit kann eine solche Zeit sein, in der ich einen anderen Blick auf mein Leben zulasse.

Lied

Bonum est confidere (Gut ist es, dem Herrn zu vertrauen)

Thematischer Impuls

»Kommt alle zu mir, die ihr mühselig und beladen seid! Ich will euch erquicken.« (Mt 11,28)

Es wird auf das Bild in der Mitte hingewiesen, das Wanderer rastend auf einer Bank zeigt.

Die Wanderer ruhen aus. Sie haben ihre Rucksäcke abgestellt und gönnen sich eine Pause. Sie schauen vielleicht, woher sie gekommen sind und wohin ihr Weg gehen könnte.
Sich ausruhen – innehalten – das, was ich mitschleppe, neu gewichten – Kraft schöpfen – gestärkt weitergehen.

Wenn ich eine Pause mache, meinen Alltag bewusst unterbreche, kann ich zu mir und auch zu Gott finden.

Welchen Ballast trage ich mit mir herum?
In der Stille kann ich einen freien Blick bekommen und Wichtiges von Unwichtigem unterscheiden. Ich kann Belastendes erkennen und bewusst vor Gott legen.

Lied
Aber du weißt den Weg für mich

Stille

Einleiten der Stille
Übung zur Körperwahrnehmung.

Impuls in der Stille
Kommt alle zu mir, die ihr euch plagt und schwere Lasten zu tragen habt.

Ausleiten der Stille mit Lied
Christe lux mundi (Christus, Licht der Welt)

Gebetsteil

Fürbitten
Du, Herr, gibst mir immer wieder Augenblicke der Stille, eine Atempause, in der ich zu mir komme. Du stellst mir Bilder vor die Seele, die mich sammeln und mir Gelassenheit geben: Oft lässt du mir mühelos irgendetwas gelingen, und es überrascht mich selbst, wie zuversichtlich ich sein kann. Ich merke, wenn man sich dir anvertraut, bleibt das Herz ruhig.
(aus Japan, s. auch Gotteslob Nr. 6,3)

So legen wir unsere Anliegen vor dich. Wir vertrauen darauf, dass du dich ihrer annimmst und unser Herz ruhig wird in dir.

Vaterunser

In der Gewissheit, dass du unsere Anliegen hörst, beten wir zu dir: Vater unser …

Segen

Segenslied

Im Kreis stehend, rechte Hand auf die linke Schulter des Nachbarn, linke Hand zu einer Schale geformt.

Medien

Taizé-Instrumental CD, Taizé-Liederheft

Gestaltung der Mitte:

- Schale mit Kerze
- Foto mit Wanderern rastend auf einer Bank

Fastenzeit

Gott den ersten Platz geben

Eröffnung

Lied

Ubi caritas (Wo die Güte und die Liebe, da ist Gott)

Begrüßung und Vorstellung des Themas

Die Fastenzeit kann für uns eine Zeit sein, in der wir unseren Vorsatz zur Umkehr erneuern und Gott mehr Raum geben.

Lied

Mon âme se repose (Bei Gott bin ich geborgen, still, wie ein Kind)

Thematischer Impuls

Papst Benedikt XVI. sagte einmal: Auch wer in einer christlichen Familie geboren und religiös erzogen worden sei, »muss jeden Tag seine Entscheidung, Christ zu sein, erneuern, Gott den ersten Platz geben, angesichts der Versuchungen, vor die die säkularisierte Kultur ständig stellt, angesichts des kritischen Urteils vieler Zeitgenossen« (Papst Benedikt XVI., 2013).

Die Fastenzeit können wir für uns als eine Zeit begreifen, in der wir uns neu auf Gott hin ausrichten. Wir können in dieser Zeit und darüber hinaus einüben, »Gott den ersten Platz zu geben«.

- Wo hat Gott seinen Platz bei mir?
- Wo und wie möchte ich ihm mehr Raum geben?

Diese Fragen können uns heute in der Stille und auch in der ganzen Fastenzeit begleiten.

Mit einer alten, meditativen Form des Gebetes – das des Wechselgebetes oder der Litanei – möchten wir Gott bekennen und in der Stille dann seiner Gegenwart nachspüren.

Jeder der Teilnehmenden erhält den Text des Wechselgebetes. Ein Vorbeter/eine Vorbeterin spricht den Text V, die Teilnehmenden antworten mit dem Kehrvers und der Antwort A.

V Danket dem Herrn, denn er ist gütig, denn seine Huld währt ewig
A Danket dem Herrn, denn er ist gütig, denn seine Huld währt ewig

V Er hat die Welt geschaffen
A Denn seine Huld währt ewig

V Unser ganzes Sonnensystem
A Alles was lebt auf und unter der Erde
A Den Menschen als sein Abbild
A Er segnet seine Schöpfung
A Er hat Abraham berufen
A Sein Volk befreit aus Schuld
A David königliche Würde übertragen
A Durch Prophetinnen und Propheten gesprochen
A Israel wird zum Segen für die Völker

V Danket dem Herrn, denn er ist gütig, denn seine Huld währt ewig
A Danket dem Herrn, denn er ist gütig, denn seine Huld währt ewig

V Er ist in Jesus Mensch geworden
A Er verkündet: Das Gottesreich ist nahe
A Er hat Kranke geheilt, Sündern reichte er die Hand
A Er ist am Kreuzesholz gestorben
A Er ist nicht im Tod geblieben, sondern auferstanden

A In Jesu Namen treffen sich Menschen in seiner Gemeinschaft
A Sein Wort führt Menschen zusammen
A Er nährt uns mit seinem Wort
A Er ermutigt und stärkt uns
A Liebe ist sein Gebot

V Danket dem Herrn, denn er ist gütig, denn seine Huld währt ewig
A Danket dem Herrn, denn er ist gütig, denn seine Huld währt ewig

V Christus hat uns den Heiligen Geist gegeben
A Sein Geist führt uns in die Freiheit
A Sein Geist erfüllt den Erdkreis
A Sein Geist lässt Gottes Gerechtigkeit wachsen
A Sein Geist versöhnt
A Sein Geist eint uns
A Er schaut auf unsere Taten
A Er tröstet die Traurigen
A Er durchdringt das All
A Gott wird alles in allem sein

V Danket dem Herrn, denn er ist gütig, denn seine Huld währt ewig
A Danket dem Herrn, denn er ist gütig, denn seine Huld währt ewig

Lied
Confitemini Domino (Dankt dem Herrn, denn er ist gut)

Stille

Einleiten der Stille
Übung zur Körperwahrnehmung.

Impuls in der Stille

Wo hat Gott seinen Platz bei mir?

Ausleiten der Stille mit Lied

Misericordias Domini (Das Erbarmen des Herrn will ich ewig preisen)

Gebetsteil

Fürbitten

Guter Gott, du wirst die Schöpfung vollenden und alles in allem sein. Durchdringe auch mein Sein immer mehr und befähige mich dazu, dir den ersten Platz zu geben. Ich vertraue dir und bitte dich …

Vaterunser

All unsere Bitten und Anliegen legen wir vor dich und beten gemeinsam:
Vater unser …

Segen

Segenslied

Medien

Taizé-Instrumental CD, Taizé-Liederheft
Wechselgebet ausgedruckt für alle Teilnehmenden
Gestaltung der Mitte:

- Schale mit Kerze und Kreuz
- Lorbeer- oder Buchsbaumzweige als Zeichen der Ehre an oder um die Kerze legen

Fastenzeit

Das Labyrinth

Eröffnung

Lied

I am sure I shall see (Ich bin gewiss, zu schauen die Güte des Herrn im Land der Lebenden)

Begrüßung und Vorstellung des Themas

Die Fastenzeit kann eine Zeit des Innehaltens, des Perspektivenwechsels und der Standortbestimmung sein. Anhand eines Labyrinthes wollen wir diesen Möglichkeiten nachspüren.

Lied

Tu sei sorgente viva (Du bist der Quell des Lebens, Feuer, Wärme, Licht …)

Thematischer Impuls

»Du hast mir die Wege zum Leben gezeigt.« (Apg 2,28)

In einem Labyrinth führt der Weg zur Mitte. Manchmal befinde ich mich fast am Ziel und muss mich dann doch wieder weit von ihm entfernen. An manchen Hindernissen und Wendepunkten habe ich das Gefühl, dass der Weg in die falsche Richtung geht, und doch schenkt mir jeder scheinbare Umweg neue Perspektiven und Erkenntnisse. Ich halte inne und orientiere mich. Das, was ich vorher nicht sehen konnte, offenbart sich mir jetzt. Mit dieser Bereicherung beschreite ich mutig den Weg und vertraue, dass ich zur Mitte finde.

Wir wollen den Weg durch ein Labyrinth erfahren:

Wenn möglich, erhält jede/r Teilnehmende nacheinander die Möglichkeit, eine Kugel durch ein Holz-Labyrinth zu rollen. Falls kein Holz-Labyrinth zur Verfügung steht oder die Teilnehmerzahl zu groß ist, empfiehlt es sich, ein DIN-A4-Blatt mit einem Labyrinth auszuteilen, das die Teilnehmenden mit einem Stift durchfahren können.

Hintergrundmusik: Aber du weißt den Weg für mich

Lied

Aber du weißt den Weg für mich

Stille

Einleiten der Stille

Übung zur Körperwahrnehmung.

Impuls in der Stille

Du zeigst mir die Wege zum Leben.

Ausleiten der Stille mit Lied

In manus tuas, Pater (In deine Hände, Vater, lege ich meinen Geist)

Gebetsteil

Fürbitten

Du zeigst mir die Wege zum Leben. Lass mich in dem Labyrinth meines Lebens dich erkennen, dir vertrauen und dir nachfolgen. Wir legen unsere Anliegen vor dich …

Mit jeder stillen oder ausgesprochenen Fürbitte stellen die Teilnehmenden ein Teelicht ins Labyrinth oder zur Mitte.

Vaterunser

Erhöre du unsere Fürbitten, Vater. Wir wollen gemeinsam beten: Vater unser …

Segen

Segenslied

Medien

Taizé-Instrumental CD, Taizé-Liederheft
Teelichter
Holzlabyrinth (erhältlich im Spielwarenhandel oder im Internet)
Alternativ: Labyrinth auf Papier A4 ausgedruckt für jeden Teilnehmenden
Stifte
Gestaltung der Mitte:

- einfaches Labyrinth z.B. mit Seil oder Faden auf den Boden legen oder aufmalen
- Kerze in die Mitte stellen
- nicht angezündete Teelichter für Fürbitten außen herum stellen

Hinweis: Vielfältige Anregungen und Anleitungen zu Labyrinthen gibt es im Internet, z.B. unter bloggermymaze

Fastenzeit

Einsam sein

Eröffnung

Lied

Dans nos obscurités (Im Dunkel unserer Nacht, entzünde das Feuer …)

Begrüßung und Vorstellung des Themas

Wir leben in einer hektischen und lauten Welt, in der für Einsamkeit scheinbar kein Platz ist. Und doch sind wir inmitten dieser Betriebsamkeit manchmal einsam, auf uns zurückgeworfen, mit uns allein. Wir wollen uns mit diesem Gefühl auseinandersetzen und schauen, welche Rolle Gott dabei spielen kann.

Lied

Bonum est confidere (Gut ist es, dem Herrn zu vertrauen)

Thematischer Impuls

Oft verbinden wir mit dem Begriff der Einsamkeit oder des Einsam-Seins eine negative Empfindung. Abgetrennt sein, verlassen sein, allein sein, abgeschieden sein – das alles sind Zustände, die wir möglichst vermeiden möchten. Aktiv sein, Freude, Liebe und Freundschaft erleben, Spaß haben, erfolgreich sein – all das passt nicht zur Einsamkeit. Und doch braucht es Zeiten in unserem Leben, in denen ein Rückzug in mich selbst wichtig ist.
Im Markusevangelium gibt es gleich drei Stellen, in denen Jesus sich in die Einsamkeit zurückzieht, um Kraft zu gewinnen, um zu beten, um auszuruhen.

»In aller Frühe, als es noch dunkel war, stand er auf und ging an einen einsamen Ort, um zu beten.« (Mk 1,35)
»Da sagte er zu ihnen: Kommt mit an einen einsamen Ort, wo wir allein sind, und ruht ein wenig aus.« (Mk 6,31)
»Sie fuhren also mit dem Boot in eine einsame Gegend, um allein zu sein.« (Mk 6,32)

Fragen zum thematischen Impuls:
- Wie erlebe ich Einsamkeit, das Einsam-Sein?
- Kann ich dieses Gefühl zulassen?
- Wie gehe ich mit dem Einsam-Sein um?

Die Teilnehmenden erhalten die Fragen ausgedruckt und suchen sich im Raum einen Ort, an dem sie für sich sind und Zeit haben, darüber nachzudenken. Wenn möglich, sollten den Teilnehmenden Decken angeboten werden, in die sie sich einhüllen können. Damit kann das Gefühl der Abgeschiedenheit und des »Für-sich-Seins« nachvollzogen werden. Nach ca. 5 Minuten werden die Teilnehmenden aufgefordert, in den Kreis zurückzukehren.

Lied
In manus tuas, Pater (In deine Hände, Vater, lege ich meinen Geist)

In der nachfolgenden Stille wollen wir mit Gott über unsere Gedanken und Gefühle ins Gespräch kommen.

Stille

Einleiten der Stille
Übung zur Körperwahrnehmung.

Impuls in der Stille

Welchen Platz hat Gott in meiner Einsamkeit?

Ausleiten der Stille mit Lied

Mon âme se repose (Bei Gott bin ich geborgen, still, wie ein Kind)

Gebetsteil

Fürbitten

Gott, du gibst unserer Einsamkeit, unserem Einsam-Sein, einen Sinn. Du willst uns in deiner Gegenwart Ruhe schenken. Hilf uns, dass wir uns der Betriebsamkeit unseres Alltags hin und wieder entziehen können, um dich zu suchen und deine Stimme zu hören. So bringen wir heute unsere Anliegen still vor dich und entzünden für jedes Anliegen, für jede Bitte und jeden Dank, eine Kerze, die wir zur Mitte stellen …

Vaterunser

Im Vertrauen darauf, dass du dich unser annimmst, beten wir zu dir: Vater unser …

Segen

Segenslied

Medien

Taizé-Instrumental CD, Taizé-Liederheft
Ausgedruckte Fragen zum »Thematischen Impuls«
Decken
Gestaltung der Mitte:

- Schale mit einer großen Kerze
- Teelichter für die Fürbitten

Fastenzeit

Vertrauen

Eröffnung

Lied

I am sure I shall see (Ich bin gewiss, zu schauen die Güte des Herrn im Land der Lebenden)

Begrüßung und Vorstellung des Themas

Die Bergpredigt bildet heute den Hintergrund für diesen »Ruhepunkt«. Sie ist eine sehr konkrete Richtschnur, symbolisch durch dieses Tau dargestellt. Sie kann uns in der Fastenzeit eine Chance zur (Neu-)Ausrichtung sein. In ihrem hohen Anspruch birgt sie allerdings auch die Möglichkeit des Scheiterns. In diesem Zusammenhang wollen wir unser Vertrauen betrachten.

Lied

Bonum est confidere (Gut ist es, dem Herrn zu vertrauen)

Thematischer Impuls

Hier liegen Auszüge aus der Bergpredigt Jesu vor uns. Wir nehmen uns einen Moment Zeit, die Aussagen auf uns wirken zu lassen.

In der Bergpredigt setzt Jesus sehr hohe Maßstäbe, die weit über das normale Verständnis von Gerechtigkeit und Nächstenliebe hinausgehen, sodass wir mit unserer Unzulänglichkeit mal mehr, mal weniger scheitern. Sie gipfeln in der Aussage: Ihr sollt also vollkommen sein.

Wäre es möglich, dass die Ansprüche so hoch sind, dass wir ihnen aus eigener Kraft nicht gerecht werden können? Ergibt sich dann daraus nicht die Notwendigkeit, uns im Vertrauen auf Gott zu üben?

Wir wollen unser Vertrauen näher betrachten.
Was braucht es, damit ich vertrauen kann?
Kann ich Gott vertrauen? Welcher Art ist mein Vertrauen: zögerlich, ängstlich, fordernd …
Welche Erfahrungen habe ich mit meinem Vertrauen zu Gott gemacht?

Das sind Fragen, die wir in der Stille in uns bewegen wollen.

Lied
Aber du weißt den Weg für mich

Stille

Einleiten der Stille
Übung zur Körperwahrnehmung.

Impuls in der Stille
Ich verstehe deine Wege nicht, aber du weißt den Weg für mich.

Ausleiten der Stille mit Lied
Behüte mich, Gott

Gebetsteil

Fürbitten

Guter Gott, manchmal fällt es mir so schwer, dir zu vertrauen. Wie wir eben gesungen haben: »Ich verstehe deine Wege nicht, aber du weißt den Weg für mich«, so will ich mich immer weiter darin üben, dir zu vertrauen. Ich lege alles, was mich bewegt, vor dich …

Vaterunser

Im Vertrauen darauf, dass du den Weg für mich weißt, bete ich gemeinsam mit allen anderen zu dir: Vater unser …

Segen

Segenslied

Medien

Taizé-Instrumental CD, Taizé-Liederheft

Auszüge aus der Bergpredigt (Mt 6,25–30), auf einzelne Papierstreifen ausgedruckt:

- »Wer mit seinem Bruder zürnt, soll dem Gericht verfallen sein.«
- »Wer aber zu seinem Bruder sagt: Du Nichtsnutz!, der ist des Hohen Rats schuldig. Wer aber sagt: Du gottloser Narr!, der ist des höllischen Feuers schuldig.«
- »Wenn dich dein rechtes Auge zum Bösen verführt, dann reiß es aus und wirf es weg.«
- »Wenn dich deine rechte Hand zum Bösen verführt, dann hau sie ab und wirf sie weg.«
- »Wenn dich einer auf die rechte Wange schlägt, dann halte ihm auch die andere hin.«
- »Wenn dich einer vor Gericht bringen will, um dir das Hemd wegzunehmen, dann lass ihm auch den Mantel.«

- »Wenn dich einer zwingen will, eine Meile mit ihm zu gehen, dann geh zwei mit ihm.«
- »Wer dich bittet, dem gib, und wer von dir borgen will, den weise nicht ab.«
- »Liebt eure Feinde und betet für die, die euch verfolgen.«
- »Ihr sollt also vollkommen sein.«

Gestaltung der Mitte:

- Schale mit großer Kerze
- Tau oder dickes Seil um die Schale legen
- Papierstreifen mit Aussagen der Bergpredigt an das Tau bzw. Seil legen
  Aussage: »Ihr sollt also vollkommen sein« größer ausgedruckt an die Kerze stellen

Fastenzeit

Sich reinigen

Eröffnung

Lied

Bless the Lord (Preise den Herrn)

Begrüßung und Vorstellung des Themas

Der »Frühjahrsputz« fällt zeitlich zusammen mit der Fastenzeit. Wir putzen unsere Wohnung, räumen gründlich auf, und auch unsere Körper werden mit Fastenkuren gereinigt. Die Fastenzeit bietet aber auch für unsere Seele die Möglichkeit, Gewohnheiten und Verhaltensweisen zu überprüfen und das ein oder andere loszulassen und zu verabschieden – uns innerlich zu reinigen.
Symbolisch für die Reinigung steht diese Schale mit Wasser.

Lied

Tu sei sorgente viva (Du bist der Quell des Lebens, Feuer, Wärme, Licht ...)

Thematischer Impuls

»Reinigen wir uns also von aller Unreinheit des Leibes und des Geistes ...« (2 Kor 7,1)

Aufräumen, entrümpeln, reinigen bedeutet, sich auf Abschied einzulassen.
Manchmal sind es materielle Dinge, von denen ich mich trenne, manchmal aber auch Innerliches, das ich loslassen muss. Da gibt es vielleicht nicht gelebte Pläne und Träume, die ich verabschieden muss, damit sie

mir nicht den Blick in die Zukunft verstellen. Vielleicht sind es auch notwendige Trennungen, die schmerzen, die mich aber auch erleichtern können. Vielleicht reinige ich mich von Gewohnheiten, die sich in mein Leben geschlichen haben und die mich von Wesentlichem fernhalten.

- Wovon möchte ich mich verabschieden oder reinigen?
- Was tut mir nicht gut?
- Wer oder was kann mir dabei helfen?

Diese Fragen wollen wir in der Stille vor Gott tragen.

Lied

Misericordias Domini (Das Erbarmen des Herrn will ich ewig preisen)

Stille

Einleiten der Stille

Übung zur Körperwahrnehmung.

Impuls in der Stille

Reinigen wir uns also von aller Unreinheit.

Ausleiten der Stille mit Lied

Jésus le Christ (Christus, dein Licht verklärt unsere Schatten …)

Gebetsteil

Fürbitten

Guter Gott, du kennst all unsere Schwächen. Schenke uns den Mut und deine Kraft, all das, was uns von dir trennt, loszulassen. Stelle uns Menschen an die Seite, die uns auf unserem Weg begleiten und stützen. Wir legen alles, was uns bewegt, in deine Hände in der Gewissheit, dass du dich unser annimmst …

Vaterunser

Herr, erhöre unsere Bitten und all das, was uns bewegt. Wir vertrauen dir und beten: Vater unser …

Segen

Partnersegen (siehe S. 28f)

Medien

Taizé-Instrumental CD, Taizé-Liederheft

Gestaltung der Mitte:

- Schale mit Wasser, darin eine Kerze

Ostern

Auferstehung

Eröffnung

Lied

Wait for the Lord (Nah ist der Herr)

Begrüßung und Vorstellung des Themas

Ostern stellt uns vor die Frage: Was bleibt? Wo geschieht in meinem Alltag Auferstehung? Wie kann das Österliche in meinem Leben Gestalt annehmen, ganz konkret erfahrbar werden? Diesen Fragen wollen wir heute nachgehen.

Lied

Surrexit Dominus vere (Der Herr ist wahrhaft auferstanden)

Thematischer Impuls

Das Lied »Manchmal feiern wir mitten im Tag« (Gotteslob Nr. 472) wird vorgelesen.

Stunden werden eingeschmolzen, Sätze werden aufgebrochen, Waffen werden umgeschmiedet, Sperren werden übersprungen …
Vielleicht fallen uns noch mehr Situationen ein, wo Auferstehung ganz konkret geschieht. Diese Momente sind Aufbruch und Verwandlung in unserem Alltag. In ihnen möchte Gott, dass wir Auferstehung schon in diesem Leben erfahren. Unmögliches wird möglich, Unvorstellbares wird vorstellbar, Unfrieden wird zu Frieden, Unglück wird zu Glück …
Wo habe ich Auferstehungsmomente heute, gestern oder in der letzten Woche gespürt? Wo hat sich etwas verwandelt?

Lied
Crucem tuam (Dein Kreuz verehren wir. Deine Auferstehung preisen wir)

Stille

Einleiten der Stille
Übung zur Körperwahrnehmung.

Impuls in der Stille
Manchmal feiern wir mitten im Tag ein Fest der Auferstehung.

Ausleiten der Stille mit Lied
Christe, lux mundi (Christus, Licht für die Welt)

Gebetsteil

Fürbitten
Herr, du wirkst ganz konkret in meinem Leben. Du willst meine Verhärtungen, meinen Unglauben und Unfrieden aufbrechen und uns heil machen. Hilf mir, in diesen Momenten dein Wirken zu erkennen und achtsam im Alltag mit meinen Mitmenschen und mir umzugehen, sodass ich mich durch »Auferstehung mitten im Tag« berühren, aufbrechen und verwandeln lassen kann. In einer kurzen Gebetsstille möchte ich mit allem, was mich jetzt und hier berührt und bewegt, mit dir ins Gespräch kommen.

Vaterunser
Unsere Sorgen, Bitten, Anliegen, Hoffnungen und unseren Dank fassen wir in dem gemeinsamen Gebet aller Christen zusammen: Vater unser …

Segen

Partnersegen (siehe S. 28f)

Medien

Taizé-Instrumental CD, Taizé-Liederheft

Liedtext »Manchmal feiern wir mitten im Tag«. Die einzelnen Strophen werden in Streifen ausgeschnitten und zwischen die Chiffontücher gelegt

Gestaltung der Mitte:

- Schale mit Kerze
- weiße Chiffontücher (liturgische Farbe für Ostern)
- Teelichter in Gläsern
- Die Chiffontücher werden als kleine »Häufchen« um die Schale gelegt. In die Mitte jedes Tuches wird in einem Glas ein Teelicht gestellt

Ostern

Wie glaube ich?

Eröffnung

Lied

Laudate Dominum (Lobt den Herrn, alle Völker)

Begrüßung und Vorstellung des Themas

Der Glaube an die Auferstehung, ein zentraler Glaubensinhalt, fordert uns ganz besonders in unserem Vertrauen auf Gott heraus. Wir betrachten einige Personen aus der Bibel, die unterschiedlich auf diese Herausforderung reagieren. Wir wollen unseren Fokus auf die Frage richten: Wie glaube ich?

Lied

Adoramus te Christe (Wir beten dich an und preisen dich, denn durch dein Kreuz hast du die Welt erlöst)

Thematischer Impuls

Die Bibel berichtet uns über verschiedene Personen, wie sie nach der Auferstehung Jesu reagieren: Die Jünger am Grab, Thomas und die zwei Jünger auf dem Weg nach Emmaus wollen wir uns stellvertretend für unterschiedliche Glaubenszugänge näher betrachten.

Petrus und ein Jünger am Grab (Joh 20,8)

»Da ging auch der andere Jünger, der als Erster an das Grab gekommen war, hinein; er sah und glaubte.«

Die Jünger auf dem Weg nach Emmaus (Lk 24,30–32)
»Und es geschah, als er mit ihnen bei Tisch war, nahm er das Brot, sprach den Lobpreis, brach es und gab es ihnen. Da wurden ihre Augen aufgetan und sie erkannten ihn; und er entschwand ihren Blicken. Und sie sagten zueinander: »Brannte nicht unser Herz in uns, als er unterwegs mit uns redete und uns den Sinn der Schriften eröffnete?«

Thomas (Joh 20,25–28)
»... Er entgegnete ihnen: Wenn ich nicht das Mal der Nägel an seinen Händen sehe und wenn ich meinen Finger nicht in das Mal der Nägel und meine Hand nicht in seine Seite lege, glaube ich nicht. Acht Tage darauf waren seine Jünger wieder drinnen versammelt und Thomas war dabei. Da kam Jesus bei verschlossenen Türen, trat in ihre Mitte und sagte: Friede sei mit euch! Dann sagte er zu Thomas: Streck deinen Finger hierher aus und sieh meine Hände! Streck deine Hand aus und leg sie in meine Seite und sei nicht ungläubig, sondern gläubig! Thomas antwortete und sagte zu ihm: Mein Herr und mein Gott!«

Diese drei Beispiele stehen für verschiedene Zugänge zum Glauben: Der eine glaubt bedingungslos, andere nehmen im Nachhinein die Gegenwart Gottes wahr und glauben, wieder andere brauchen Beweise und Erklärungen, um den Glauben verstandesmäßig zu begreifen.

Wie glaube ich?
Dieser Frage wollen wir in der Stille nachspüren.

Lied
Bonum est confidere (Gut ist es, dem Herrn zu vertrauen)

Stille

Einleiten der Stille

Übung zur Körperwahrnehmung.

Impuls in der Stille

Wie glaube ich?

Ausleiten der Stille mit Lied

Christe, lux mundi (Christus, Licht der Welt)

Gebetsteil

Fürbitten

Herr, uns fällt es oft so schwer zu glauben. Trage du uns durch unseren Zweifel, unsere Vorbehalte, unseren Unglauben. Lehre du uns, dich in unseren Mitmenschen, in besonderen Momenten, in der Natur, in unserem Alltag zu erkennen und so immer mehr im Glauben an dich zu wachsen. Herr, wir bitten, danken und loben dich in unseren still bedachten oder ausgesprochenen Anliegen …

Vaterunser

Wir legen alle unsere Anliegen in deine Hände und beten zu dir: Vater unser …

Segen

Segenslied

Medien

Taizé-Instrumental CD, Taizé-Liederheft

Gestaltung der Mitte:

- Schale mit Kerze
- Bildsymbole für die verschiedenen Glaubenszugänge: z.B. Herz, Denkblase, Lupe

Ostern

Knospen und Blüten

Eröffnung

Lied

The Kingdom of God (Das Reich Gottes ist Gerechtigkeit, Friede und Freude ...)

Begrüßung und Vorstellung des Themas

Die Natur um uns verändert sich, alles wächst und blüht in den schönsten Farben. Knospen reifen zu wunderschönen Blüten heran. Die Erfahrung von Auferstehung ermöglicht einen neuen Blick auf das Leben. Wo bemerke ich Verwandlung? Wo bricht neues Leben auf? Wo beginnt etwas Neues?
Mit der Methode des Bibel-Teilens (s. S. 32f) wollen wir heute diesen Gedanken nachgehen.

Lied

Spiritus Jesu Christi (Der Geist Jesu Christi ... stärke dich)

Thematischer Impuls

»Und gleicht euch nicht dieser Welt an, sondern lasst euch verwandeln durch die Erneuerung des Denkens, damit ihr prüfen und erkennen könnt, was der Wille Gottes ist: das Gute, Wohlgefällige, Vollkommene.« (Röm 12,2)

Der Bibeltext liegt allen Teilnehmenden schriftlich vor.

Schritt 1: Begrüßen – sich zu Jesus setzen
»Wir werden uns bewusst, dass Christus in unserer Mitte ist: Wir begrüßen Christus in unserer Mitte.«

Schritt 2: Lesen – das Wort Gottes verkünden und hören
»Wir lesen den ausgewählten Bibeltext zweimal laut vor.«
Schritt 3: Sich ansprechen lassen – den verborgenen Schatz heben
»Wir sprechen Worte oder kurze Satzteile, die uns berührt haben, dreimal wie im Gebet aus. Zwischen den Wiederholungen lassen wir eine kurze Stille.«

Es folgt die Stille ohne das sonst übliche Einleiten.

Stille

Ausleiten der Stille mit Lied

Gott ist nur Liebe (im Taizé-Liederheft unter: Bóg jest miłością)

Schritt 5: Mitteilen - gemeinsam Gott begegnen durch die anderen
»Welches Wort hat mich angesprochen? Wir teilen einander mit, was uns im Herzen berührt hat.«
Jede/r spricht von sich in der ersten Person. Keine Diskussion, kein Vortrag.
Schritt 6: Handeln – sich senden lassen
»Wir tauschen uns darüber aus, was wir in unserem Umfeld wahrnehmen. Welche Aufgabe fordert uns heraus? Was wollen wir konkret angehen?« Christus handelt durch uns in der Welt.

Gebetsteil

Fürbitten

Herr, öffne unsere Augen, mach weit unseren Blick und unser Interesse, damit wir sehen können, was wir noch nicht erkennen. Herr, gib uns ein großzügiges Herz, das sich deinem Wort überlässt und zu tun wagt, was es noch nicht getan hat. Herr, wir wissen, dass wir nur leben, wenn wir uns von dir rufen und verändern lassen.

nach Ignatius von Loyola

So bringen wir unsere Anliegen vor dich …

Vaterunser

All unsere Bitten und unseren Dank fassen wir in dem Gebet zusammen, das Jesus uns gelehrt hat: Vater unser …

Segen

Segenslied

Medien

Taizé-Instrumental CD, Taizé-Liederheft
Bibeltext in der Anzahl der Teilnehmenden
Gestaltung der Mitte:

- Schale mit Kerze
- Blütenzweige mit Knospen und Blüten

Pfingsten

Verwandlung

Eröffnung

Lied

Spiritus Jesu Christi (Der Geist Jesu Christi … stärke dich)

Begrüßung und Vorstellung des Themas

An Pfingsten feiern wir die Aussendung des Heiligen Geistes. Was hat das Geschehen vor 2000 Jahren mit mir heute zu tun? Was will der Heilige Geist in unserer Zeit und konkret bei mir bewirken?
Mit dem Herzensgebet werden wir uns mit dem Heiligen Geist ganz erfüllen lassen.

Lied

Esprit Consolateur (Tröstender Geist, Liebe aller Liebe)

Thematischer Impuls

»Ich gebe meinen Geist in euch, dann werdet ihr lebendig.« (Ez 37,14)

Der Heilige Geist will uns verwandeln und uns lebendig machen. Das Wesentliche, das mich ausmacht, soll auf- und durchbrechen, es soll wachsen und sich entfalten können. Wenn ich den Heiligen Geist in mein Leben lasse, ist Verwandlung möglich. Das bedeutet nicht Anstrengung, sondern vielmehr meine Bereitschaft, mich zu öffnen und mich überraschen zu lassen. Dann wird er mich verwandeln und mich dazu befähigen, immer mehr Gottes Willen zu erkennen und in seinem Sinn zu handeln.

Im Herzensgebet (siehe S. 20f) wollen wir den Heiligen Geist sprichwörtlich »einatmen«.

»Komm – Schöpfer Geist!«

Beim Einatmen sprechen wir »Komm« und beim Ausatmen »Schöpfer Geist«. Mit dem Rhythmus der Atmung können die Worte in uns hineinfließen und sich durch stetige Wiederholung ausbreiten.

(Dauer ca. 5 Minuten)

Lied
Veni Creator Spiritus (Komm, Schöpfer Geist; Kanon)

Stille

Einleiten der Stille
Übung zur Körperwahrnehmung.

Impuls in der Stille
Ich hauche euch meinen Geist ein, dann werdet ihr lebendig.

Ausleiten der Stille mit Lied
Gott ist nur Liebe (im Taizé-Liederheft unter: Bóg jest miłością)

Gebetsteil

Fürbitten
Ich glaube an den Geist, den wir im Herzen spüren. Er ist überall zugegen und führt uns Gottes Wege. Er will die Welt mit uns verwandeln

und schenkt uns neue Kraft, in seinem Sinn zu handeln. Daran glaube ich.
In diesem Glauben bringe ich dir meinen Dank, meine Schwachheit, meine Bitten – alles, was mich bewegt, vor dich …

Vaterunser
Durch den Geist, der uns verbindet, beten wir zu dir: Vater unser …

Segen
Segenslied

Medien
Taizé-Instrumental CD, Taizé-Liederheft
Gestaltung der Mitte:
- Schale mit Kerze
- gelbe, orange und rote Chiffontücher als Feuerzungen um die Schale legen

Pfingsten
Nachfolge

Eröffnung

Lied
Dominus Spiritus est (Der Herr ist Geist)

Begrüßung und Vorstellung des Themas
In diesem »Ruhepunkt« steht ein Paulus-Wort im Mittelpunkt. Aus dem Geist leben und dem Geist nachfolgen – diesem Gedanken wollen wir heute buchstäblich nachgehen. Wir werden ihn in der Stille in uns bewegen, aber auch im achtsamen Gehen in Bewegung umsetzen.

Lied
Tu sei sorgente viva (Du bist der Quell des Lebens … Komm zu uns, Geist der Liebe, wohn in uns, Geist der Freude)

Thematischer Impuls
»Wenn wir im Geist leben, lasst uns auch im Geist wandeln.« (Gal 5,25)

Paulus ruft uns in diesem Kapitel auf, sich von dem Geist leiten zu lassen, und benennt die Frucht des Geistes: Liebe, Freude, Langmut, Freundlichkeit, Güte, Treue, Sanftmut und Selbstbeherrschung. Paulus sagt uns die Freiheit zu, uns in unserer Lebensführung zu entscheiden. Er ruft uns dazu auf, unser Leben im Geist zu führen und die Frucht des Geistes offenbar werden zu lassen.

Wie nehme ich den Heiligen Geist wahr?

Hat die Gegenwart des Heiligen Geistes Auswirkungen auf meine Gedanken und mein Handeln?
Bitte ich ihn um Unterstützung?

Diese Fragen und die Gedanken aus dem Galaterbrief wollen wir im achtsamen Gehen bewegen.

Achtsames Gehen (siehe S. 34) ca. 5 Minuten, begleitet von ruhiger Musik

Lied

Tui amoris ignem (Komm, Heiliger Geist, entzünde in uns das Feuer deiner Liebe)

Stille

Einleiten der Stille

Meine Augen sind geschlossen. Ich atme tief und langsam durch die Nase ein. Ich stelle mir vor, dass ich mit jedem Atemzug den Geist Gottes aufsauge, der meinen ganzen Körper durchströmt bis in die kleinsten Zellen hinein. Ich halte meinen Atem für einen Moment an und spüre dem Gefühl des Durchströmt-Seins nach. Dann lasse ich den Atem ganz langsam und bewusst durch den Mund hinausströmen. Auf diese Art und Weise atme ich, bis ich ganz ruhig werde.

Impuls in der Stille

Wenn wir aus dem Geist leben, dann wollen wir dem Geist auch folgen.

Ausleiten der Stille mit Lied

Ubi caritas (Wo die Güte und die Liebe, da ist Gott)

Gebetsteil

Fürbitten

Guter Gott, du willst, dass wir uns in aller Freiheit für ein Leben im Geist entscheiden und dass die Frucht des Geistes in unserem Leben sichtbar wird.
Schenke uns deine Kraft, deinen Heiligen Geist, damit wir dein Wirken in unserem Leben erkennen, uns immer wieder für deine befreiende Botschaft entscheiden und dir nachfolgen.
So tragen wir alle unsere Anliegen vor dich ...

Vaterunser

Wir vertrauen darauf, dass du all unsere Anliegen – die ausgesprochenen und die still vorgetragenen – hörst, und beten zu dir:
Vater unser ...

Segen

Segensgebet

Gottes Liebe streichle dich
Gottes Gegenwart umhülle dich
Gottes Geist wirke in dir
Gottes Kraft verändere dich
Gottes Schutz begleite dich zärtlich
Gottes Friede strahle durch dich hindurch

Das ausgedruckte Segensgebet wird zum Abschluss an alle Teilnehmenden verteilt.

Medien

Taizé-Instrumental CD, Taizé-Liederheft

Segensgebet auf Kärtchen ausgedruckt zum Mitnehmen für die Teilnehmenden

Gestaltung der Mitte:

- Schale mit Kerze
- rote Chiffontücher (symbolisch für den Heiligen Geist) um die Schale legen

Pfingsten
Leben aus dem Heiligen Geist

Eröffnung

Lied
Spiritus Jesu Christi (Der Geist Jesu Christi … stärke dich)

Begrüßung und Vorstellung des Themas
Der pfingstliche Geist will uns stärken, Quelle der Kraft sein, und uns dazu befähigen, Gottes Liebe zu spüren und an andere weiterzugeben. Diese Aspekte stehen heute im Vordergrund.

Lied
Gott ist nur Liebe (im Taizé-Liederheft unter: Bóg jest miłością)

Thematischer Impuls
In einem Taizélied heißt es: Christus, dein Geist wohnt in uns, er ist Quelle des ewigen Lebens.

Aus dieser Quelle wollen wir schöpfen, uns auffüllen lassen, bis wir, wie eine überlaufende Schale, diesen Geist, die Liebe Gottes weitergeben können.

Die Teilnehmenden führen gemeinsam die Gebetsgebärde mit entsprechender sprachlicher Anleitung aus. Sie wird mehrmals wiederholt.

Anleitung zum »Beten mit dem Körper«, siehe S. 21f.
Nach dem »Beten mit dem Körper« setzen sich alle Teilnehmenden wieder in den Kreis.

Wir haben in den Gebetsgesten Empfangen, Bewahren und Geben ausgedrückt. Der Geist, der uns geschenkt wird, will weitergeschenkt werden. Wie nehme ich die Liebe Gottes wahr? Der Heilige Geist erfüllt mich und lässt mich die Gegenwart Gottes spüren. In dem Weiterschenken drücke ich die Liebe Gottes aus. In welchen Beziehungen gelingt es mir, diese Liebe auszustrahlen, und in welchen habe ich Schwierigkeiten?

Lied

Esprit Consolateur (Tröstender Geist, Liebe aller Liebe)

Stille

Einleiten der Stille

Übung zur Körperwahrnehmung.

Impuls in der Stille

Dein Feuer, Schöpfer Geist, ist Liebe und Verzeihn.

Ausleiten der Stille mit Lied

Il Signore ti restora (Der Herr gibt dir neue Kraft)

Gebetsteil

Fürbitten

Statt der Fürbitten wird folgendes Wechselgebet gesprochen. Es wird von einem Vorbeter/einer Vorbeterin V und den Teilnehmenden A gebetet. Das Wechselgebet wird an alle Teilnehmenden in schriftlicher Form ausgehändigt.

V Lasst uns beten, dass der Geist Gottes uns stärkt und belebt.
A Komm, o Heiliger Geist, komm!

V Der Geist Gottes öffne unsere Augen, damit wir die Welt verstehen.
A Komm, o Heiliger Geist, komm!

V Der Geist Gottes öffne unsere Ohren, damit wir auch die leisen Töne hören und nicht überhören.
A Komm, o Heiliger Geist, komm!

V Der Geist Gottes stärke unseren Verstand, damit wir prüfen und das Gute erkennen.
A Komm, o Heiliger Geist, komm!

V Der Geist Gottes stärke unseren Mut, damit wir mit seiner Stimme sprechen.
A Komm, o Heiliger Geist, komm!

V Der Geist Gottes öffne unsere Hände, damit wir dankbar seine Liebe leben können.
A Komm, o Heiliger Geist, komm!

V Der Geist Gottes bewege uns, damit wir lebendig bleiben in seinem Auftrag.
A Komm, o Heiliger Geist, komm!

V Wir danken dir, Gott, dass du uns mit deinem Heiligen Geist stärkst, der uns von deinem Sohn versprochen wurde.

Vaterunser

In seinem Namen beten wir gemeinsam: Vater unser …

Segen

Segenslied

Medien

Taizé-Instrumental CD, Taizé-Liederheft
evtl. Materialien, Texte
Gestaltung der Mitte:

- Schale mit Kerze
- Quellstein (Zimmerbrunnen) oder
  verschiedene Bilder mit Quellenmotiven um die Schale legen
  evtl. rote Chiffontücher zwischen die Bilder legen

»Ruhepunkte« im Jahreskreis

Januar

Innere Schätze

Eröffnung

Lied

I am sure I shall see (Ich bin gewiss, zu schauen die Güte des Herrn im Land der Lebenden)

Begrüßung und Vorstellung des Themas

Es ist der Beginn eines neuen Jahres. Wir machen Pläne und fassen Vorsätze.

Das eine oder andere Unerledigte nehmen wir mit in dieses neue Jahr. Dazu brauchen wir Motivation und Kraft. Wir wollen unseren Blick auf unsere »inneren Schätze« lenken, auf Ereignisse, die uns mit Freude und Kraft erfüllen. Das Eintauchen in diese Schätze soll uns mehr Freude und Kraft für die Bewältigung unseres Lebens geben.

Lied

Bonum est confidere (Gut ist es, dem Herrn zu vertrauen)

Thematischer Impuls

Wir erinnern uns an ein oder mehrere frohe Ereignisse in unserem Leben. Diese Erinnerungen wollen wir als eine Art Wegzehrung in einen imaginären Rucksack packen, damit dieser Proviant uns über die Höhen und Tiefen in diesem Jahr bringt.

Wir wollen in einem Moment der Erinnerung die frohen Ereignisse noch einmal durchleben, die Bilder in uns lebendig werden und Gott daran teilhaben lassen.

Lied

Veni creator spiritus (Komm, Schöpfer Geist)

Stille

Einleiten der Stille

Übung zur Körperwahrnehmung.

Impuls in der Stille

Mit Gott betrachte ich ein frohes Ereignis aus der Vergangenheit.

Ausleiten der Stille mit Lied

Behüte mich, Gott

Gebetsteil

Fürbitten

Guter Gott: Lass uns die Freude über das Leben immer wieder neu wahrnehmen. Wir vertrauen darauf, dass du uns in der Vergangenheit, in der Gegenwart und auch in unserer Zukunft begleitest. So bringen wir unsere Bitten ausgesprochen oder still vor dich: …

Vaterunser

Unsere Bitte, unser Lob und unseren Dank fassen wir in dem Gebet zusammen, das Jesus uns mit auf den Weg gegeben hat: Vater unser …

Segen

Segenslied

Medien

Taizé-Instrumental CD, Taizé-Liederheft

Gestaltung der Mitte:

- Rucksack
- Schale mit Kerze

Januar
Mein Beziehungsnetz

Eröffnung

Lied
Laudate omnes gentes (Lobsingt, ihr Völker alle)

Begrüßung und Vorstellung des Themas
Mit Blick auf das neue Jahr schauen wir heute auf die Menschen und Situationen, die unserem Leben Halt geben. Jeder von uns lebt in einem Netz aus Beziehungen. In diesem Netz bewegen wir uns durch das Jahr hindurch.

Lied
Jubilate Deo (Jauchzet Gott zu)

Thematischer Impuls
Das Netz kommt in unserem Sprachgebrauch immer wieder vor: Wir surfen im Internet und bauen Netzwerke auf. Wir knüpfen soziale Netze. Das Bild in der Mitte soll ein Sinnbild für unser Beziehungsnetz sein. Das Netz hat dicke und dünne Fäden. Knoten, wo etwas gerissen ist und neu zusammengefügt wurde. An manchen Stellen ist es dicht, an anderen locker und durchlässig gewebt. Ein stabiles Netz trägt.

In der Stille können wir unser eigenes Beziehungsnetz gedanklich durchschreiten.
Wer oder was gibt mir Halt und trägt mich durch meinen Alltag?

Lied
Bonum est confidere (Gut ist es, dem Herrn zu vertrauen)

Stille

Einleiten der Stille
Übung zur Körperwahrnehmung.

Impuls in der Stille
Wie sieht mein eigenes Netz aus?
Wer gehört dazu?
Wo gibt es besonders dichte oder dünne Stellen?

Ausleiten aus der Stille mit Lied
Ubi caritas (Wo die Güte und die Liebe, da ist Gott)

Gebetsteil

Fürbitten
Immer ist irgendwo jemand, der mein Netz gespannt hält. Vielleicht sind mir auch Stellen im Netz aufgefallen, an denen es zu arbeiten gilt, die neu gesponnen werden müssen? Der dicke Faden, der auf Gott hinweist, durchwebt alles. In all unseren Beziehungen zeigt er sich, können wir ihn wahrnehmen und spüren.
Guter Gott, du bist der Faden, der alle unsere Beziehungen durchwebt. In den Menschen, die mit uns gehen, können wir dich wahrnehmen und spüren. Wir beten für all die Menschen, die uns nahe sind, die uns auf unserem Lebensweg begleiten.
Wir sprechen ihre Namen aus und entzünden ein Licht für sie.

Die Teelichter werden auf verschiedene Plätze im Netz gestellt.

Vaterunser

Im Gedenken an diese Menschen beten wir gemeinsam: Vater unser …

Segenslied

Im Kreis stehend, rechte Hand auf die linke Schulter des Nachbarn, linke Hand zu einer Schale geformt.

Medien

Taizé-Instrumental CD, Taizé-Liederheft

Gestaltung der Mitte:

- Teelichter
- ein Netz, geknüpft aus unterschiedlich dicker Wolle, durchzogen von einem stärkeren Faden, zum Beispiel:

- Große Kerze in die Mitte des Netzes stellen

Februar

Spuren im Schnee

Eröffnung

Lied

Bonum est confidere (Gut ist es, dem Herrn zu vertrauen)

Begrüßung und Vorstellung des Themas

Das neue Jahr liegt wie ein unberührtes Feld vor uns. Wie begegne ich dem Neuen, dem Unberührten? Bin ich mutig, zögerlich, voll Vorfreude? Wie werde ich meine Spuren ziehen? Wo führt mich meine Spur hin?

Lied

Confitemini Domino (Danket dem Herrn, denn er ist gut)

Thematischer Impuls

Spuren – das sind Zeichen, die ich sehen und entdecken kann.

Sie verweisen auf etwas oder auf jemanden, der sie hinterlassen hat, selbst aber nicht mehr zu sehen ist. Diesen Spuren kann ich folgen. Sie können mir Orientierung geben.

Ich selbst hinterlasse aber auch Spuren. Ich setzte Zeichen in dieser Welt. Individuell und einmalig. Ich suche meine eigene Spur in einer Welt voller Möglichkeiten.

Lied

Aber du weißt den Weg für mich

Stille

Einleiten der Stille

Übung zur Körperwahrnehmung – Schwerpunkt Atmung.

Gemeinsam begeben wir uns auf eine Fantasiereise:
Ich stehe am Rand eines Schneefeldes. Glänzend und unberührt liegt es vor mir. Es ist kalt. Um mich herum ist es still, ganz still. Ich spüre das Verlangen, loszulaufen, unberührtes Gelände zu erobern.
Ich setze den ersten Schritt in den Schnee. Mein Fuß sinkt ein, ich spüre, wie mein Gewicht den Fuß in den Schnee drückt.
Etwas Neues beginnt. Behutsam setze ich einen Fuß vor den anderen. Ich wähle die Richtung und ziehe meine Bahn. Der Schnee knirscht unter den Füßen.
Mein Blick ist nach vorne gerichtet. Vor mir liegt das weite glänzende Feld. In welche Richtung soll ich mich wenden? Was ist, wenn ich mich verlaufe?
Dann spüre ich das Verlangen, mich umzudrehen, zu schauen, welche Zeichen ich hinterlasse. Da liegen sie unverkennbar: meine Spuren im Schnee!
Ich schaue mich um, ob ich noch andere Spuren entdecke. Gibt es da noch jemanden, der mit mir unterwegs ist?
Meine Schritte führen mich in einem großen Bogen zurück zu meinem Ausgangspunkt. Mit Freude schaue ich auf das Bild, das durch mich entstanden ist.

Impuls in der Stille

Ich gehe gedanklich durch den heutigen Tag wie durch eine Schneelandschaft und schaue, welche Spuren ich entdecke.
Wer oder was hat diese Spuren hinterlassen?
Kann ich eine Spur von Gott entdecken?
Welche Spuren betrachte ich mit Zufriedenheit, mit Freude?

Ausleiten der Stille mit Lied
I am sure I shall see (Ich bin gewiss, zu schauen die Güte des Herrn im Land der Lebenden)

Gebetsteil

Fürbitten
Großer Gott,
da liegen sie, die Spuren meines Lebens.
Du kennst meine Wege, jeden Schritt, jeden Hopser, jedes Stolpern.
Du kennst meine Schrittgröße.
Du weißt, was ich schaffen kann und was mir schwerfällt.

Du willst mir helfen, meinen Weg zu finden.
Es tut gut, in deiner Nähe zu bleiben.
Ich wende mich voll Vertrauen an dich: …

Vaterunser
Gott, du begleitest uns, wir dürfen zu dir rufen: Vater unser …

Segen
Segenslied

Segenskreuz während des Liedes auf die Stirn des Nachbarn zeichnen.

Medien
Taizé-Instrumental CD, Taizé-Liederheft
Gestaltung der Mitte:
- Schale mit Kerze
- aus Papier ausgeschnittene Fußumrisse als Spur legen

Februar

Barmherzigkeit

Eröffnung

Lied

Ubi caritas (Wo die Güte und die Liebe, da ist Gott)

Begrüßung und Vorstellung des Themas

Papst Franziskus hat 2016 ein Jahr der Barmherzigkeit ausgerufen. Viele Menschen haben sich dieses Themas angenommen und neue Erfahrungen und Erkenntnisse gewonnen. Barmherzigkeit – eine Eigenschaft, die so gar nicht in unsere Welt passen mag und die zugleich in unserer Zeit so sehr vermisst wird.

Lied

Misericordias Domini (Das Erbarmen des Herrn …)

Thematischer Impuls

Das Wort »barmherzig« hat seinen Ursprung im Althochdeutschen: armherzi = der ein Herz für die Armen hat.
Barmherzigkeit ist eine Eigenschaft Gottes, die uns durch ihn zuteilwird.

»Siehe, das ist mein Knecht … Das geknickte Rohr zerbricht er nicht und den glimmenden Docht löscht er nicht; ja, er bringt wirklich das Recht. Er verglimmt nicht und wird nicht geknickt, bis er auf der Erde das Recht begründet hat …« (Jes 42,1–4)

Unser Wohlergehen, unser menschliches Glück ist so zerbrechlich. An jedem Tag ist es neu unendlichen Bedrohungen ausgesetzt. Ein leichtes Drücken – und das geknickte Rohr bricht auseinander. Ein kleiner Tropfen – und der glimmende Docht erlischt. Die geringste Unachtsamkeit kann dahin führen, dass das Rohr in sich zusammenknickt und das Licht endgültig verschwindet. Aber Gott ist in seiner Liebe so rücksichtsvoll, dass genau das nicht geschehen wird.

Barmherzigkeit erfahren und barmherzig sein:
Wo habe ich in letzter Zeit Barmherzigkeit erfahren? Wo hat jemand meine Bedürfnisse gesehen und mir gegeben, was ich gebraucht habe, zum Beispiel Schutz, Ermutigung, Fürsorge …

Wo habe ich den anderen gesehen, wo war ich barmherzig, achtsam, aufmerksam? Oder wo habe ich die Bedürftigkeit des anderen übersehen?

Lied
Bonum est confidere (Gut ist es, dem Herrn zu vertrauen)

Stille

Einleiten der Stille
Übung zur Körperwahrnehmung.

Impuls in der Stille
»Das geknickte Rohr zerbricht er nicht und den glimmenden Docht löscht er nicht.«

Ausleiten der Stille mit Lied
Jésus le Christ (Christus, dein Licht verklärt unsere Schatten)

Gebetsteil

Fürbitten

Gott, wir vertrauen auf deine Barmherzigkeit, dass du uns in unseren Bedürfnissen siehst und uns immer wieder aufrichtest. Im Glauben daran, dass du das geknickte Rohr nicht zerbrichst und den glimmenden Docht nicht löschst, beten wir zu dir: …

Vaterunser

Alle unsere Anliegen, die ausgesprochenen und die unausgesprochenen, legen wir vor dich und rufen gemeinsam: Vater unser …

Segen

Segenslied

Medien

Taizé-Instrumental CD, Taizé-Liederheft

Gestaltung der Mitte:

- Schale mit Kerze
- Strohhalme (abgeknickt) aus Naturmaterial

März

Berührt von Gottes Wort

Eröffnung

Lied

Jubilate Deo (Jauchzet Gott zu)

Begrüßung und Vorstellung des Themas

Wir erleben in diesen Tagen, wie die Natur aufblüht. Lebendig und bunt zeigt sich neues Leben. Im Widerspruch dazu stehen zahlreiche Ereignisse um mich herum und in der Welt, die mich verunsichern und ängstigen können.

Lied

Laudate omnes gentes (Lobsingt, ihr Völker alle)

Thematischer Impuls

Die Zuwendung Gottes zu uns Menschen kann uns stärken und Mut machen. Seine Zuwendung lässt sich in vielfältiger Weise erfahren. So auch durch das Wort, das Gott zu uns spricht: Die Wahrheit, die in den Texten der Heiligen Schrift verborgen liegt, rührt uns Menschen in unseren existentiellen Fragen, Ängsten, Zweifeln und Hoffnungen an.
Heute wollen wir uns vom Wort Gottes berühren lassen. Wir nehmen uns Zeit, der Wahrheit, die darin verborgen liegt, nachzuspüren. Die Bedeutung der Worte kann so in unser Leben hineinwirken. Vielleicht gehen uns dabei die Augen auf und wir erkennen, was zu tun ist.

Lied

Nada de turbe (Nichts beunruhige dich)

In mehreren Schritten nähern wir uns dem Text in Anlehnung an die Methode »Lectio Divina«. Die Stille wird im Rahmen der »Lectio Divina« gehalten.

Guter Gott,
wir sind hier, weil wir uns für dich Zeit nehmen wollen. Wir möchten dir begegnen.
Hier bin ich, Gott, vor dir, so wie ich bin – mit meiner Sehnsucht, meiner Hoffnung, meiner Freude, meinem Ärger, meiner Müdigkeit.
Hilf mir, zu sehen, was du mir jetzt zeigen möchtest, zu hören, was du mir jetzt sagen möchtest, zu spüren, dass du mit mir gehst und bei mir bleibst.
So bin ich jetzt da vor dir.
Ich möchte mich deinem Wort öffnen.

Lesen: Wir lesen den Text ein erstes Mal laut vor.
»Unterwegs sah Jesus einen Mann, der seit seiner Geburt blind war.
Da fragten ihn seine Jünger: Rabbi, wer hat gesündigt? Er selbst oder seine Eltern, sodass er blind geboren wurde? Jesus antwortete: Weder er noch seine Eltern haben gesündigt, sondern die Werke Gottes sollen an ihm offenbar werden. Wir müssen, solange es Tag ist, die Werke dessen vollbringen, der mich gesandt hat; es kommt die Nacht, in der niemand mehr wirken kann. Solange ich in der Welt bin, bin ich das Licht der Welt.« (Joh 9,1–5)

Hören: Wir lesen den Text ein zweites Mal laut vor und stellen uns die Frage: »Was berührt mich in diesem Text heute?

Kurze Stille

Antworten: Wir lesen den Text ein drittes Mal laut vor und fragen uns: »Wozu fordert mich Gott auf?«

Kurze Stille

Genießen: Wir lesen den Text ein viertes Mal laut vor. Wir entspannen uns in Gottes Gegenwart und erfahren seine Führung durch sein Wort.

Stille

Ausleiten der Stille mit Lied

»Christe, Lux mundi« (Christus, Licht der Welt)

Notieren: Wir notieren, was wir in der Stille gehört oder erfahren haben.

Die Teilnehmenden erhalten Karten und Stifte. Während des Schreibens wird leise Musik eingespielt. Die Kärtchen werden verdeckt an das Kreuz gelegt.

Gebetsteil

Fürbitten

Beten: Großer Gott, wir bitten dich um Ideen, Kraft und Mut, das Gehörte in unserem Alltag umzusetzen …

Vaterunser

Alle unsere Anliegen, die ausgesprochenen und die unausgesprochenen, fassen wir in dem Gebet zusammen, das Jesus uns geschenkt hat: Vater unser …

Segen

Segenslied

Medien

Taizé-Instrumental CD, Taizé-Liederheft

Blanco-Karten zum Beschriften

Stifte

Gestaltung der Mitte:

- Chiffon-Tücher in verschiedenen Farben
- Schale mit Kerze

Dialog mit Gott

Eröffnung

Lied
In manus tuas, Pater (In deine Hände, Vater, lege ich meinen Geist)

Begrüßung und Vorstellung des Themas
Unser Leben stellt uns vielfältigen Situationen gegenüber. Es führt uns durch frohe Stunden, Stunden des Glücks und der Zufriedenheit. Dann gibt es Tage, da sind wir mutlos, Angst macht sich breit …
In diesen unterschiedlichen Situationen unseres Lebens richten wir uns auch in unterschiedlicher Weise an Gott. Vertraut sind uns das Danken und Bitten. In schwierigen Zeiten bitte ich zum Beispiel um Führung, Stärke, Begleitung, Heilung. Für glückliche Momente danke ich Gott.

Lied
La ténèbre (Die Finsternis ist nicht finster für dich)

Thematischer Impuls
Wir kennen alle herausfordernde Situationen: menschliche Enttäuschung, Krankheit, Trennung, Einsamkeit, Streit … Darüber klagen wir untereinander.
Im Alten Testament begegnen uns Menschen, die Gott mit ihrer Klage konfrontieren.

»Zum Ekel ist mein Leben mir geworden, ich lasse meiner Klage freien Lauf, reden will ich in meiner Seele Bitternis. Ich sage zu Gott: Sprich mich nicht schuldig, lass mich wissen, warum du mich befehdest! Was hast du davon, dass du Gewalt verübst, dass du die Mühsal deiner Hände verwirfst, doch über dem Plan der Frevler aufstrahlst?« (Ijob 10,1–3)

Wie wirkt diese Bibelstelle auf mich? Wie begegne ich meinem Gott? Nehme ich ihn als Gegenüber wahr? Wie wende ich mich an Gott? Traue ich mich, mit meinen Gefühlen ihm direkt gegenüberzutreten, ihn auch mit meiner Wut, Bitterkeit und Verzweiflung direkt zu konfrontieren? Das Buch Ijob erzählt davon, dass wir mit unserer Anklage bei Gott aufgehoben sind. Das kann dazu führen, eine neue Sicht auf die Situation zu bekommen.

Lied

Spiritus Jesu Christi (Der Geist Jesu Christi … stärke dich)

Stille

Einleiten der Stille

Übung zur Körperwahrnehmung.

Impuls in der Stille

Welches Gefühl möchtest du Gott gegenüber zum Ausdruck bringen?

Ausleiten der Stille mit Lied

Dans nos obscurités (Im Dunkel unserer Nacht, entzünde das Feuer …)

Gebetsteil

Fürbitten

Gott, dich als Gegenüber zu kennen, dich auf vielfältige Weise ansprechen zu können, eröffnet uns andere Perspektiven. Die Erfahrungen

unseres Lebens, unseres Alltags rücken in ein anderes Licht, in dein Licht. Du wirst für uns zum Licht in der Dunkelheit.
Lebendiger Gott, höre uns …

Die Teilnehmenden entzünden für jede Bitte ein Teelicht und stellen es um die Schale.

Vaterunser
Herr, dich sprechen wir an, dir rufen wir zu: Vater unser …

Segenslied

Im Kreis stehend, rechte Hand auf die linke Schulter des Nachbarn, linke Hand zu einer Schale geformt.

Medien

Taizé-Instrumental CD, Taizé-Liederheft
Gestaltung der Mitte:

- Schale mit Kerze
- dunkle Chiffontücher um die Schale gelegt
- Teelichter

April

Orientierung

Eröffnung

Lied

Aber du weißt den Weg für mich

Begrüßung und Vorstellung des Themas

Die Menschen zieht es wieder nach draußen.
Wir planen Ausflüge. Das Fahrrad oder die Wanderschuhe werden hervorgeholt.
Und dann geht es los.
Die Frage, die sich dann stellt: Wohin wollen wir? Wie kommen wir dahin? Welcher Weg ist für uns heute ein passender? Wohl dem, der dann eine gute Landkarte hat.
Sie ist eine Hilfe zur Orientierung. Sie zeigt uns unterschiedliche Wege, Hindernisse oder auch markante Punkte, die uns helfen, die Richtung nicht aus dem Auge zu verlieren.

Lied

Misericordias Domini (Das Erbarmen des Herrn …)

Thematischer Impuls

Die Landkarte ist ein Symbol für unser Leben.
Da gibt es gut ausgebaute, gerade Wege. Es gibt Sackgassen und Wegstücke, die man achtsam gehen muss. Es sind Orientierungspunkte, zum Beispiel Flüsse, Kirchen, Bahnhöfe, verzeichnet. Wir können genau den Ausschnitt in den Blick nehmen, der für uns bedeutsam ist.

Versuchen wir, diese Landkarte auf unser Leben zu übertragen. In der Stille können wir unsere Lebenskarte gedanklich vor uns ausbreiten.

Was sind Orientierungspunkte für mich?
Sind es Menschen oder Orte?
Wo findet sich auf dieser Karte mein Glaube wieder? Im Bild des Flusses oder der Autobahn?

Vielleicht ist es Zeit, einen anderen Weg einzuschlagen oder einen Berg anzusteuern, von dem aus ich einen neuen Überblick bekomme.

Lied
C'est toi ma lampe, Seigneur (Christus wird dein Licht sein)

Stille

Einleiten der Stille
Übung zur Körperwahrnehmung.

Impuls in der Stille
»Lehre mich, Herr, deinen Weg, dass ich ihn gehe in Treue zu dir.«
(Ps 86,11)

Ausleiten der Stille mit Lied
Nada te turbe (Nichts beunruhige dich, nichts ängstige dich)

In der Übung des achtsamen Gehens kannst du aufbrechen und den Gedanken aus der Stille nachgehen.

Die Teilnehmenden bewegen sich meditativ gehend im Raum.
Dabei spielt leise Musik (z.B. Veni Creator Spiritus).

Gebetsteil

Fürbitten

Lebendiger Gott, du bist unterwegs mit uns auf den Wegen unseres Lebens. Jetzt ist Zeit, Danke zu sagen, vielleicht für die eine oder andere Wegstrecke oder einen Orientierungspunkt. Hier gibt es Raum für unsere Bitten und für unsere Klage. Wende dich uns zu und erhöre uns …

Vaterunser

Im Vertrauen auf dich, lebendiger Gott, beten wir: Vater unser …

Segenslied

Im Kreis stehend, rechte Hand auf die linke Schulter des Nachbarn, linke Hand zu einer Schale geformt.

Medien

Taizé-Instrumental CD, Taizé-Liederheft

Gestaltung der Mitte:

- Schale mit Kerze
- verschiedene Landkarten (gut sichtbares Wege- und Straßennetz, mit deutlichen Symbolen, z.B. Freizeitkarte)

Mai

Gemeinschaft im Glauben

Eröffnung

Lied

Bless the Lord, my Soul (Preise den Herrn, meine Seele)

Begrüßung und Vorstellung des Themas

Als Christ bin ich nicht allein. Auf der ganzen Welt gibt es Menschen, die Christus nachfolgen. Zu schnell gerät diese Tatsache in den Hintergrund. Gerade wir Christen in Deutschland tun uns oft schwer, in der Öffentlichkeit, am Arbeitsplatz, im Freundeskreis von unserem Glauben zu sprechen. Erzählen wir von unserem sonntäglichen Gottesdienst, ernten wir oft peinlich berührte oder gar ablehnende Blicke.
Umso bedeutsamer ist es, dass wir uns immer wieder der Gemeinschaft all derer vergewissern, die Christus lieben und versuchen, ihm nachzufolgen.

Lied

Let all who are thirsty come (Wer durstig ist, der komme)

Thematischer Impuls

Die Brüder von Taizé ermutigen uns, nach dieser sichtbaren Gemeinschaft zu suchen. Sie machen dazu ganz konkrete Vorschläge. Einer davon lautet: regelmäßig mit anderen gemeinsam beten und sich zum Gespräch treffen.
Oft bedrängen mich Fragen und Zweifel in meinem Glauben. Ich fühle mich von der Ungerechtigkeit auf der Welt so überwältigt, dass der Glaube an Gott mir fast unmöglich erscheint.

Der Glaube ist immer ein Wagnis, das Wagnis des Vertrauens. Mit wem kann ich mich auf den Weg machen und über meinen Glauben nachdenken?

»Denn wo zwei oder drei in meinem Namen versammelt sind, da bin ich mitten unter ihnen.« (Mt 18,20)

Wir sind heute Abend diese Gemeinschaft!
Wo spüre ich in unserer Gemeinschaft die Gegenwart Gottes? Im Lied, in der Stille, im gemeinsamen Gebet und Gespräch?

In der Stille versuchen wir, unsere Aufmerksamkeit auf diese Verbundenheit untereinander zu lenken. Wir wollen darin Gottes Gegenwart nachspüren.

Nehme ich einen Unterschied wahr zwischen dem Gebet in Gemeinschaft und dem Gebet, das ich alleine spreche?

Lied
The Kingdom of God (Das Reich Gottes ist Gerechtigkeit, Friede und Freude …)

Stille

Einleiten der Stille
Übung zur Körperwahrnehmung – Schwerpunkt Atmung.

Impuls in der Stille
Zu Beginn der Stille steht die Erfahrung des gemeinsam gesprochenen Wechselgebetes.

WECHSELGEBET 1

Die Teilnehmenden beten im Wechsel:

V/A Du hast uns gerufen, Gott, wir sind bei dir.

V Wenn wir uns versammeln
A Bist du bei uns
V Wenn wir neue Wege gehen
A Bist du bei uns
V Wenn wir Jesus nachfolgen
A Bist du bei uns
V Wenn wir zuversichtlich reden
A Bist du bei uns
V Wenn wir hilfreich handeln
A Bist du bei uns

V/A Du hast uns gerufen, Gott, wir sind bei dir.

V Wenn wir Freude ausstrahlen
A Bist du bei uns
V Wenn wir das Zögern überwinden
A Bist du bei uns
V Wenn wir Gemeinschaft pflegen
A Bist du bei uns
V Wenn wir das Leben feiern
A Bist du bei uns
V Wenn wir dein Evangelium hören
A Bist du bei uns

V/A Du hast uns gerufen, Gott, wir sind bei dir.

Stille

Ausleiten der Stille mit Lied

I am sure I shall see (Ich bin gewiss, zu schauen die Güte des Herrn im Land der Lebenden)

Gebetsteil

Fürbitten

Lebendiger Gott, gemeinsam beten wir heute zu dir …

WECHSELGEBET 2

Die Teilnehmenden beten im Wechsel:

V/A Wir rufen dich an und bitten dich

V Um Mut, dich im Alltag zu bezeugen
A Bitten wir dich, Herr
V Um Zuversicht in Prüfungen
A Bitten wir dich, Herr
V Um Treue zu dir in dunklen Stunden
A Bitten wir dich, Herr
V Um Zeichen deiner Nähe
A Bitten wir dich, Herr
V Um innere Freude und Gelassenheit
A Bitten wir dich, Herr
V Für das Geschenk unserer Berufung
A Bitten wir dich, Herr
V Für jeden Lobpreis in deinem Namen
A Bitten wir dich, Herr
V Für die Freude, die uns erfüllt

A Bitten wir dich, Herr
V Für sicheren Halt in schwerer Zeit
A Bitten wir dich, Herr
V Für suchende und fragende Schwestern und Brüder
A Bitten wir dich, Herr

Vaterunser

Wir geben unserer Gemeinschaft Ausdruck, indem wir uns an den Händen fassen und das Gebet gemeinsam sprechen, an dem wir Christen überall auf der Welt zu erkennen sind: Vater unser …

Segen

Segenslied

Im Kreis stehend, rechte Hand auf die linke Schulter des Nachbarn, linke Hand zu einer Schale geformt.

Medien

Taizé-Instrumental CD, Taizé-Liederheft
Wechselgebet 1 und 2 für jeden Teilnehmenden
Gestaltung der Mitte:

- Schale mit Kerze
- aneinander geknotete Chiffontücher in unterschiedlichen Farben um die Schale gelegt

Mai

Der besondere Blick

Eröffnung

Lied

Laudate Dominum (Lobt den Herrn, alle Völker)

Begrüßung und Vorstellung des Themas

Kennt ihr das? / Kennen Sie das?
Du begegnest einem Menschen oder kommst an einen Ort und es entsteht eine besondere Atmosphäre, eine besondere Dichte.
Die Worte, die gesprochen, und die Blicke, die gewechselt wurden, wirken über die Situation hinaus und berühren dich. Etwas hat sich verändert.

Lied

Tu sei sorgente viva (Du bist der Quell des Lebens …)

Thematischer Impuls

In der Geschichte »Neshumele – der Segen meines Großvaters« wird uns von einer solchen Situation berichtet:
Neshumele – Der Segen meines Großvaters
Wenn ich an den Freitagnachmittagen nach der Schule zu meinem Großvater zu Besuch kam, dann war in der Küche seines Hauses bereits der Tisch zum Teetrinken gedeckt. Mein Großvater hatte seine eigene Art, Tee zu servieren. Es gab bei ihm keine Teetassen, Untertassen oder Schalen mit Zuckerstückchen oder Honig. Er füllte Teegläser direkt aus einem silbernen Samowar. Man musste zuerst einen Teelöffel in das Glas stellen, denn sonst hätte das dünne Glas zerspringen können. Mein

Großvater trank seinen Tee auch nicht so, wie es die Eltern meiner Freunde taten. Er nahm immer ein Stück Zucker zwischen die Zähne und trank dann den ungesüßten heißen Tee aus dem Glas. Und ich machte es wie er. Diese Art, Tee zu trinken, gefiel mir viel besser als die Art, auf die ich meinen Tee zu Hause trinken musste. Wenn wir unseren Tee ausgetrunken hatten, stellte mein Großvater stets zwei Kerzen auf den Tisch und zündete sie an. Dann wechselte er auf Hebräisch einige Worte mit Gott. Manchmal sprach er diese Worte laut aus, aber meist schloss er einfach die Augen und schwieg. Dann wusste ich, dass er in seinem Herzen mit Gott sprach. Ich saß da und wartete geduldig, denn ich wusste, jetzt würde gleich der beste Teil der Woche kommen.

Wenn Großvater damit fertig war, mit Gott zu sprechen, dann wandte er sich mir zu und sagte: »Komm her, Neshumele.« Ich baute mich dann vor ihm auf, und er legte mir sanft die Hände auf den Scheitel. Dann begann er stets, Gott dafür zu danken, dass es mich gab und dass er ihn zum Großvater gemacht hatte. Er sprach dann immer irgendwelche Dinge an, mit denen ich mich im Verlauf der Woche herumgeschlagen hatte, und erzählte Gott etwas Echtes über mich. Jede Woche wartete ich bereits darauf, zu erfahren, was es diesmal sein würde. Wenn ich während der Woche irgendetwas angestellt hatte, dann lobte er meine Ehrlichkeit, darüber die Wahrheit gesagt zu haben. Wenn mir etwas misslungen war, dann brachte er seine Anerkennung darüber zum Ausdruck, wie sehr ich mich bemüht hatte. Wenn ich auch nur kurze Zeit ohne das Licht meiner Nachttischlampe geschlafen hatte, dann pries er meine Tapferkeit, im Dunkeln zu schlafen. Und dann gab er mir seinen Segen und bat die Frauen aus ferner Vergangenheit, die ich aus seinen Geschichten kannte – Sara, Rahel, Rebekka und Lea –, auf mich aufzupassen.

Diese kurzen Momente waren in meiner ganzen Woche die einzige Zeit, in der ich mich völlig sicher und in Frieden fühlte. In meiner Familie von Ärzten und Krankenschwestern rang man unablässig darum, noch mehr zu lernen und noch mehr zu sein. Da gab es offenbar immer noch etwas mehr, das man wissen musste. Es war nie genug. Wenn ich nach einer

Klassenarbeit mit einem Ergebnis von 98 von 100 Punkten nach Hause kam, dann fragte mein Vater: »Und was ist mit den restlichen zwei Punkten?« Während meiner gesamten Kindheit rannte ich unablässig diesen zwei Punkten hinterher. Aber mein Großvater scherte sich nicht um solche Dinge. Für ihn war mein Dasein allein schon genug. Und wenn ich bei ihm war, dann wusste ich irgendwie, mit absoluter Sicherheit, dass er recht hatte.
Mein Großvater starb, als ich sieben Jahre alt war. Ich hatte bis dahin nie in einer Welt gelebt, in der es ihn nicht gab, und es war schwer für mich, ohne ihn zu leben. Er hatte mich auf eine Weise angesehen, wie es sonst niemand tat, und er hatte mich bei einem ganz besonderen Namen genannt – »Neshumele«, was »geliebte kleine Seele« bedeutet. Jetzt war niemand mehr da, der mich so nannte. Zuerst hatte ich Angst, dass ich, wenn er mich nicht mehr sehen und Gott erzählen würde, wer ich war, einfach verschwinden würde. Aber mit der Zeit begann ich zu begreifen, dass ich auf irgendeine geheimnisvolle Weise gelernt hatte, mich durch seine Augen zu sehen. Und dass einmal gesegnet worden zu sein heißt, für immer gesegnet zu sein.

Rachel Naomi Remen*

Mit Blick auf unsere eigene Geschichte – unsere Kindheit, unsere Jugend, unsere Zeit als Erwachsener – stellen wir uns folgende Frage:

Gibt es in meinem Leben Erfahrungen, in denen mich ein Mensch mit liebevollen Augen anschaut?

Lied

Ubi caritas (Wo die Güte und die Liebe, da ist Gott)

* © Remen, Rachel Naomi: Aus Liebe zum Leben – Geschichten, die der Seele gut tun. Arbor Verlag, Freiburg; 6. durchgesehene Auflage 2015. www.arbor-verlag.de

Stille

Einleiten der Stille

Übung zur Körperwahrnehmung.

Impuls in der Stille

Wer vermittelt mir, dass ich gut bin, so wie ich bin?
Kann ich in diesen Menschen eine Spur von Gott entdecken?

Ausleiten der Stille mit Lied

Mane nobiscum (Bleibe bei uns, Herr)

Gebetsteil

Fürbitten

Gütiger Gott, ein besonderer und liebevoller Blick ist so wichtig für uns alle. Wir kommen mit unserem Dank und unseren Bitten vor dich …

Vaterunser

Bei dir sind wir geborgen, gemeinsam wagen wir zu sprechen:
Vater unser …

Segen

Segenslied

Medien

Taizé-Instrumental CD, Taizé-Liederheft
Gestaltung der Mitte:

- Schale mit Kerze

Juni

Geistliches Leben

Eröffnung

Lied

Tu sei sorgente viva (Du bist der Quell des Lebens)

Begrüßung und Vorstellung des Themas

Tu sei sorgente viva, du bist der Quell des Lebens, so haben wir gerade gesungen.
Eine Quelle kann mich erfrischen und mir neue Energie geben.
Geistliches Leben, Spiritualität, das kann eine solche Quelle sein.
Doch wie gelingt es uns, in unserem so beschäftigten Alltag Platz für geistliches Leben zu schaffen, ohne dass daraus eine weitere Belastung erwächst, die mit Erfrischung dann nichts mehr zu tun hat?

Lied

Bleibet hier und wachet mit mir

Thematischer Impuls

Am Anfang steht die Sehnsucht. Die Sehnsucht, mit Gott in Berührung zu kommen. Immer wieder und immer wieder neu.
Zu leicht wird diese Sehnsucht verschüttet. Es braucht verlässliche Anker, die uns vertraut sind, die unserem Leben Struktur geben. Verlässlich wiederkehrende Ereignisse vermitteln uns Sicherheit und helfen uns zu vertrauen.
Das kann bedeuten, dass ich mir in meinen vier Wänden einen Ort aussuche, an dem ich ohne viel Ablenkung zur Ruhe kommen kann. Das kann ein kurzes Gespräch mit Gott sein, das ich jeden Morgen auf dem

Weg zur Arbeit an der gleichen roten Ampel führe. Das kann der wöchentliche Gottesdienst sein oder ein abendlicher kurzer Rückblick auf meinen Tag.
Vielleicht hilft es mir, über die Bewegung mit Gott in Berührung zu kommen.
Eine Gebetsgebärde gibt uns einen immer gleichbleibenden Bewegungsablauf vor, der über den Körper das nach außen bringt, was in uns entsteht. Die Gebetsgebärde kann, je häufiger sie durchgeführt wird, zu einer geistlichen Atempause werden.

Die Teilnehmenden führen gemeinsam die Gebetsgebärde mit entsprechender sprachlicher Anleitung aus. Sie wird mehrmals wiederholt. Anleitung zur Gebetsgebärde siehe S. 21f.

Lied
Aber du weißt den Weg für mich

Stille

Einleiten der Stille
Übung zur Körperwahrnehmung – Schwerpunkt Atmung.

Impuls in der Stille
Wo finde ich geistliche Atempausen in meinem Alltag? Ich komme mit Gott darüber ins Gespräch.

Ausleiten der Stille mit Lied
Magnificat (Meine Seele preist die Größe des Herrn)

Gebetsteil

Fürbitten

Herr, wir wollen oft so viel und scheitern daran. Wir überfordern uns und geben dann enttäuscht auf. Herr, bitte hilf uns, unsere persönlichen Rituale zu finden. Rituale, die nicht zu Terminen werden, sondern die Atempausen in unserem Alltag sind und uns geistlich wachsen lassen. Gib uns den Mut, kleine Schritte zu tun und öfters mal den Tag von dir unterbrechen zu lassen. In dem Vertrauen, dass du uns nah bist, möchten wir unsere Bitten und unseren Dank vor dich bringen …

Vaterunser

Lasst uns das Gebet sprechen, das Jesus uns geschenkt hat, damit wir es immer und immer wieder beten, alleine und gemeinsam mit anderen: Vater unser …

Segen

Segenslied

Medien

Taizé-Instrumental CD, Taizé-Liederheft
Anleitung zur Gebetsgebärde
Gestaltung der Mitte:

- Schale mit Wasser und Kerze oder
- Quellstein (Zimmerbrunnen)

Juni
Ausruhen

Eröffnung

Lied
I am sure I shall see (Ich bin gewiss, zu schauen die Güte des Herrn im Land der Lebenden)

Begrüßung und Vorstellung des Themas
Wer schon einmal in New York war, wird diese Szene kennen: Menschen, die mit ihren Taschen und Kaffeebechern in der Hand zielstrebig und eilig an einem vorbeiziehen. Auf den breiten Straßen staut sich der Verkehr, ungeduldiges Hupen wird hörbar. Allen geht es nicht schnell genug. Und dann stößt man auf einmal mitten in Manhattan zwischen den Wolkenkratzern auf St. Patrick's Cathedral. Fast verloren wirken ihre Türme aus alten Zeiten zwischen den Häusern der Superlative. Tritt man über die Schwelle des Kirchenportals, taucht man in eine andere Welt ein. Es sind erstaunlich viele Menschen, die hier im Inneren dieses besonderen Hauses nach etwas suchen. Das mag zum einen das Interesse am Kirchenbau und seinen Kunstwerken sein, zum anderen aber sieht man Menschen, die in Gedanken und im Gebet versunken in den Bänken sitzen. Hier ist vom Lärm und der Hektik der Stadt nichts zu spüren.
Hier findet der Mensch einen Ort zum Ausruhen, zum Kraft-Schöpfen. Herausgenommen aus der Mühle des Alltags kann ich hier meinen Gedanken nachgehen und still werden.

Lied
Christe, lux mundi (Christus, Licht der Welt)

Thematischer Impuls

Wir alle kennen diese Situationen: Ich fühle mich rastlos, getrieben, zu viele Dinge sind zu erledigen, alles ist wichtig, ich möchte allen Ansprüchen genügen und allen Erwartungen gerecht werden.
In diese Situationen hinein wendet sich Jesus fürsorglich an mich. Er möchte, dass ich ihm an einen einsamen Ort folge, mich aus dem Alltagsgeschäft herausnehme und Ruhe finde.

»Da sagte er zu ihnen: Kommt mit an einen einsamen Ort, wo wir allein sind, und ruht ein wenig aus! Denn sie fanden nicht einmal Zeit zum Essen, so zahlreich waren die Leute, die kamen und gingen. Sie fuhren also mit dem Boot in eine einsame Gegend, um allein zu sein.« (Mk 6,31–32)

Lied

Ad te Jesus Christe (Zu dir, Jesus Christus, erhebe ich meine Seele)

Stille

Einleiten der Stille

Übung zur Körperwahrnehmung – Schwerpunkt Atmung.

Impuls in der Stille

In unserer Fantasie begeben wir uns auf eine kurze Reise:
Ich bin mittendrin: Mit Einkaufstaschen beladen, viele Sachen im Kopf, die ich noch erledigen muss, drängen mich. Es ist warm, viel Verkehr und Lärm ist um mich herum, jemand stößt mich an. Ich fühle mich gehetzt und angestrengt. Ich möchte ausruhen.
»Kommt mit an einen einsamen Ort, wo wir alleine sind, und ruht ein wenig aus.« Ich darf ausruhen. Wie sieht der Ort aus, an dem ich ausruhe, und wer ist bei mir?

Ausleiten der Stille mit Lied

Il Signore ti ristora (Der Herr gibt dir neue Kraft)

Gebetsteil

Fürbitten

Herr, wir sehnen uns nach Ruhe, um neue Kraft zu schöpfen. Du willst uns an Orte führen, die uns guttun. Lass mich bereit sein, dein Angebot zu erkennen und anzunehmen. Lass mich die Möglichkeiten nutzen, mit dir den Alltag zu unterbrechen. Schenke mir Kraft und Ermutigung in diesen Erholungspausen. Wir bitten dich …

Vaterunser

Voll Vertrauen rufen wir zu dir: Vater unser …

Segen

Segenslied

Medien

Taizé-Instrumental CD, Taizé-Liederheft
Gestaltung der Mitte:

- Schale mit Kerze
- Teelichter im Kreis um die Schale stellen

Juli

Raus aus der Routine

Eröffnung

Lied

Magnificat (Meine Seele preist die Größe des Herrn)

Begrüßung und Vorstellung des Themas

Die Sommerzeit liegt vor uns. Für viele beginnt eine Zeit des Unterwegsseins. Menschen machen sich auf den Weg, fahren in den Urlaub, reisen und entdecken Neues. Sie machen interessante, schöne und schlechte Erfahrungen. Vielleicht vermissen sie etwas. Heimat bekommt eine neue Bedeutung.
Für die Zuhause-Gebliebenen eröffnen sich vielleicht Möglichkeiten, die Natur, die Sonne und eine ruhigere Zeit zu Hause zu genießen.

Lied

Singt dem Herrn

Thematischer Impuls

Raus aus der Routine. Vielleicht finde ich die Gelegenheit und den Mut, etwas außer der Reihe zu machen. Raus aus der Routine. Wenn die Routine und der Alltag wegfallen und sich Freiräume auftun, dann nehme ich mir vielleicht Zeit, dem nachzuspüren, was wichtig für mich ist.

»Im Menschen lebt eine Sehnsucht,
die ihn hinaustreibt aus dem Einerlei des Alltags
und aus der Enge seiner gewohnten Umgebung.
Immer lockt ihn das andere, das Fremde.

Doch alles Neue, das er unterwegs erlebt,
kann ihn niemals ganz erfüllen.
Seine Sehnsucht ist größer.
Im Grunde seines Herzens sucht er ruhelos
den ganz Anderen,
und alle Wege, zu denen der Mensch aufbricht,
zeigen ihm an, dass sein ganzes Leben ein Weg zu Gott ist.«
Aurelius Augustinus, Kirchenlehrer (354–430)

Die Teilnehmenden werden aufgefordert, die Textstellen oder Worte, die sie am meisten berühren, laut vorzulesen. Diese können in der folgenden Stille der persönlichen Betrachtung dienen.

Lied
C'est toi ma lampe, Seigneur (Christus wird dein Licht sein … und wird dir leuchten)

Stille

Einleiten der Stille

Die Stille wird eingeleitet durch eine Phase des achtsamen Gehens.

Heute wollen wir über die Bewegung in die Stille kommen.
Für die Dauer eines Liedes (z.B. Veni Creator Spiritus) werden wir mit besonderer Achtsamkeit durch den Raum gehen. Das achtsame Gehen ist ein behutsames Schreiten. Dabei wird der Fuß langsam über die Fußsohle abgerollt. Wir spüren dem Kontakt der Sohle zum Boden nach. Wir nehmen Veränderungen in der Gewichtsverlagerung und der Körperhaltung bewusst wahr.

Wir finden unseren Platz wieder.
Wir richten uns auf unserem Sitz ein.

Wir nehmen unseren Atem wahr.
Wir atmen dreimal tief ein und wieder aus.

Impuls in der Stille

Die ausgewählte Textstelle begleitet uns in der Stille.

Ausleiten der Stille mit Lied

Seigneur, tu gardes mon âme (Herr, du behütest meine Seele … Führe mich …)

Gebetsteil

Fürbitten

Der Text von Aurelius Augustinus wird erneut vorgelesen.

Lebendiger Gott,
du bist unsere Sehnsucht. Auf unserer Suche nach dir kommen wir mit unseren Bitten vor dich …

Vaterunser

Gemeinsam rufen wir zu dir: Vater unser …

Segen

Segenslied

Medien

Taizé-Instrumental CD, Taizé-Liederheft
Text von Aurelius Augustinus zum Verteilen
Gestaltung der Mitte:

- Schale mit Kerze

Juli

Meine Grenzen

Eröffnung

Lied

Da pacem cordium (Gib den Frieden des Herzens)

Begrüßung und Vorstellung des Themas

Manchmal fühle ich mich bedroht von anderen Menschen und Situationen, die mir mit ihrer Erwartungshaltung entgegentreten. Ich spüre meine Grenzen.
Oft stoße ich an meine Grenzen. Der Gedanke: »Wie soll ich das schaffen?« beeinflusst mein Handeln und hindert mich daran, auf Neues zuzugehen und etwas zu wagen.
Unsere Zeit hält viele Möglichkeiten und Angebote für uns bereit. Ich werde mit Informationen überschüttet. Manchmal fühle ich mich damit überfordert. Ich spüre meine Grenzen.

Lied

I am sure I shall see (Ich bin gewiss, zu schauen die Güte des Herrn im Land der Lebenden)

Thematischer Impuls

Es gehört Mut dazu, mich meinen eigenen Grenzen zu stellen. Es gehört Mut dazu, mir einzugestehen, dass ich nicht alles kann. Es gehört Mut dazu, nein zu sagen. Es gehört Mut dazu, in meiner eigenen Mitte zu bleiben und über meine Grenzen hinauszuwachsen.
Gott weiß um meine Begrenztheit. Er kennt meine Seele bis auf den Grund (aus Psalm 139). Ich brauche nichts zu erklären und nichts zu

rechtfertigen. Er nimmt mich an, so wie ich bin. Dieser liebende Blick kann Energien freisetzen.
Woran erkenne ich, wenn ich mich überfordert fühle?
Wo nehme ich eigene Grenzen wahr?
Wo möchte ich das Nein-Sagen üben?

Lied
Bleib mit deiner Gnade

Stille

Einleiten der Stille

Anleitung zum achtsamen Gehen: siehe Seite 34.

Im achtsamen Gehen spüren wir der Nähe und Distanz zu den anderen Teilnehmenden nach.

Nach einer kurzen Zeit suchen sich die Teilnehmenden einen Platz im Raum, an dem sie sich niederlassen. Als Ausdruck der Abgrenzung gegenüber den anderen kann man sich eine Decke oder ein Tuch umlegen. Es folgt eine kurze Einleitung in die Stille mit der Körperwahrnehmung – Schwerpunkt Atmung.

Impuls in der Stille
aus Psalm 139: »Du kennst meine Seele bis auf den Grund.«

Ausleiten der Stille mit Lied
Behüte mich, Gott

Gebetsteil

Fürbitten

Du befreiender Gott,
ermutige uns zu eigenständigem Denken.
Führe uns zu einer achtsameren Wahrnehmung unserer eigenen Bedürfnisse und der Bedürfnisse anderer.
Hilf uns dabei, unsere menschliche Gemeinschaft immer wieder zu erneuern.
Lass in uns den Glauben wachsen, dass wir bei dir Heil und Fülle finden.
Wir bitten dich
um deine stärkende Nähe,
damit wir in Zuversicht aufbrechen können!

Vaterunser

So beten wir gemeinsam: Vater unser …

Segen

Segenslied

Medien

Taizé-Instrumental CD, Taizé-Liederheft
Decken oder Tücher zum Umlegen
Gestaltung der Mitte:

- Schale mit Kerze
- Stacheldraht um die Schale legen

August

Sorgt euch nicht

Eröffnung

Lied

I am sure I shall see (Ich bin gewiss, zu schauen die Güte des Herrn im Land der Lebenden)

Begrüßung und Vorstellung des Themas

Vielleicht sind einige gerade aus einem erholsamen Urlaub zurückgekehrt oder sind mit ihren Gedanken noch beim letzten sommerlichen Kurz-Trip. Und nun gilt es, wieder den Einstieg in den Alltag zu schaffen. Auf uns warten die bekannten Herausforderungen, schon jetzt blicken wir bange auf die Tretmühle, in die wir zu schnell wieder hineingeraten werden.

Lied

Kyrie 1 (Herr, erbarme dich)

Thematischer Impuls

»Macht euch keine Sorgen!«

Diese Zusage, die sich in Matthäus 6 findet, wollen wir uns heute näher erschließen. Was könnten diese Worte an diesem Tag heute für mich bedeuten?

Vielleicht quälen mich ernste Sorgen, oder es ist das Gefühl, permanent präsent sein zu müssen und ständig für irgendetwas in der Verantwortung zu stehen. Wie ist meine Haltung diesen Anforderungen gegenüber?

In der Begegnung mit dem Wort Gottes liegt die Chance, uns berühren zu lassen. Jesus wird im Wort und in der Gemeinschaft gegenwärtig. Unsere Haltung kann sich verändern.
Wir folgen in der Begegnung mit dem Wort Gottes der Methode des Bibel-Teilens (siehe Seite 32, Schritt 2 und 3).

»Deswegen sage ich euch: Sorgt euch nicht um euer Leben,
was ihr essen oder trinken sollt, noch um euren Leib, was ihr anziehen sollt!
Ist das Leben nicht mehr als die Nahrung und der Leib mehr als die Kleidung? Seht euch die Vögel des Himmels an: Sie säen nicht, sie ernten nicht und sammeln keine Vorräte in Scheunen; euer himmlischer Vater ernährt sie. Seid ihr nicht viel mehr wert als sie?
Wer von euch kann mit all seiner Sorge sein Leben auch nur um eine kleine Spanne verlängern? Und was sorgt ihr euch um eure Kleidung?
Lernt von den Lilien des Feldes, wie sie wachsen: Sie arbeiten nicht und spinnen nicht. Doch ich sage euch: Selbst Salomo war in all seiner Pracht nicht gekleidet wie eine von ihnen.« (Mt 6,25–29)

Lied

Christe, lux mundi (Christus, Licht der Welt)

Stille

Einleiten der Stille

Übung zur Körperwahrnehmung.

Impuls in der Stille

Was mich im Herzen berührt hat, was ich im Gespräch erkannt habe, bespreche ich mit Gott (siehe Seite 32, Schritt 4).

Ausleiten der Stille mit Lied

Jésus le Christ (Christus, dein Licht verklärt unsere Schatten)

Gebetsteil

(siehe Seite 32f, Schritte 5–7)

Fürbitten

In einem letzten Schritt des Bibel-Teilens wollen wir miteinander und füreinander beten und unsere Anliegen vor Gott bringen …

Vaterunser

Lebendiger Gott, im Vertrauen darauf, dass du dich um uns kümmerst, beten wir gemeinsam: Vater unser …

Segen

Segenslied

Medien

Taizé-Instrumental CD, Taizé-Liederheft

Gestaltung der Mitte:

- Schale mit Kerze
- Strauß mit Feldblumen

August

Gottes Liebe

Eröffnung

Lied

Cantate Domino canticum novum (Singt dem Herrn ein neues Lied)

Begrüßung und Vorstellung des Themas

Ich lebe mein Leben in den verschiedensten Kreisen. Im Kreis meiner Familie, meiner Freunde, im Kreis der Menschen, die mit mir die Freude an der Bewegung, am Sport teilen, im Kreis der Menschen, die mit mir in der Gemeinde arbeiten und leben. Sie alle zeigen mir, mal mehr – mal weniger, dass sie mich wertschätzen, mich gerne mögen, mich liebhaben. Doch es gibt immer wieder Situationen, da spüre ich, dass diese Zuneigung, diese Liebe abhängig ist von dem, was ich leiste und was ich einbringe. Manchmal frage ich mich: Wäre die Freude darüber, dass ich da bin, auch zu spüren, wenn ich die Aufgabe oder Verantwortung für dieses oder jenes nicht übernommen hätte?

Lied

The Kingdom of God (Das Reich Gottes ist Gerechtigkeit, Friede und Freude …)

Thematischer Impuls

Die Geschichte von Gott und den Menschen, aufgeschrieben in der Bibel, erzählt von einer ganz anderen Zuneigung, von einer ganz anderen Liebe.

»Gott aber, der reich ist an Erbarmen, hat uns, die wir infolge unserer Sünden tot waren, in seiner großen Liebe, mit der er uns geliebt hat, zusammen mit Christus lebendig gemacht. (...) Denn aus Gnade seid ihr durch den Glauben gerettet, nicht aus eigener Kraft – Gott hat es geschenkt –, nicht aus Werken, damit sich keiner rühmen kann.« (Eph 2,4–10)

Jesus hat uns vorgemacht, wie diese bedingungslose Liebe gemeint ist und welche Wirkung sie hat, wenn ich ihm darin nachfolge.

Wo habe ich schon einmal die Erfahrung gemacht, geliebt zu sein, ohne dass dafür eine Leistung von mir erwartet wurde? Wie hat diese Erfahrung mein Leben geprägt?

Lied
Toi, tu nous aimes (Gott aller Liebe)

Stille

Einleiten der Stille
Wir wollen die Stille einleiten, indem wir uns an Gott wenden und dabei unseren Körper mit einbeziehen.
Das Beten mit dem Körper soll uns als ganzen Menschen vor Gott bringen und ein Sich-Sammeln ermöglichen.

Die Anleitung zum »Beten mit dem Körper« siehe Seite 21f.

Impuls in der Stille
Nicht aus eigener Kraft – Gott hat es geschenkt.

Ausleiten der Stille mit Lied

Tui amoris ignem (Komm, Heiliger Geist, entzünde das Feuer deiner Liebe)

Gebetsteil

Fürbitten

Wir antworten auf die Bitten: *»Lass uns deine Liebe spüren!«*

V Lebendiger Gott
Tröste alle Bedrückten
A Lass uns deine Liebe spüren
V Ewiger Gott
Heile meine Verletzungen, meine Kränkungen
A Lass uns deine Liebe spüren
V Menschenfreundlicher Gott
Zeige mir, wo meine bedingungslose Liebe gefragt ist
A Lass uns deine Liebe spüren
V Großer Gott
Schenke mir Mut, wahrhaft zu lieben
A Lass uns deine Liebe spüren
V Gnädiger Gott
Öffne mich, damit ich fähig werde,
Zuneigung und Liebe anzunehmen
A Lass uns deine Liebe spüren
V Starker Gott
Entzünde in mir das Feuer deiner Liebe
A Lass uns deine Liebe spüren
V Liebender Gott
Bleibe bei uns in jeder Sekunde unseres Lebens
A Lass uns deine Liebe spüren

Vaterunser

Im Vertrauen darauf beten wir gemeinsam: Vater unser …

Segen

Segenslied

Medien

Taizé-Instrumental CD, Taizé-Liederheft

Gestaltung der Mitte:

- Schale mit Kerze
- rote Chiffontücher um die Schale legen

September

Loben und preisen

Eröffnung

Lied

Magnificat 3 (Meine Seele preist die Größe des Herrn)

Begrüßung und Vorstellung des Themas

Es gibt Momente, da stehe ich staunend und überwältigt der Schöpfung gegenüber. Unvorstellbar erscheinen mir die Dimensionen des Alls, die Farbenpracht der Blüten, die Kreativität des Menschen. Und noch bevor ich ins Denken gerate, sprudelt es aus meinem Herzen heraus. Ich spreche einen Dank aus oder bemerke, wie ich Gott, den Schöpfer, beginne zu loben. Ich erweise ihm die Ehre. Denn: »Wovon das Herz voll ist, davon redet der Mund« (Lk 6,45)

Lied

Jubilate, Alleluia (Jauchzt vor Gott, alle Länder der Erde!)

Thematischer Impuls

Wir wollen heute gemeinsam und jeder für sich in der Stille Gott loben und preisen.
Jetzt ist Zeit, dieser Haltung bewusst nachzuspüren.

Vorbeter (V) und die Gruppe der Teilnehmenden (A) beten im Wechsel.

V/A Gepriesen bist du, Gott, Vater im Himmel

V Für das Geschenk des Lebens
A Gepriesen bist du, Gott

V Für das Geschenk deines Sohnes
A Gepriesen bist du, Gott
V Für deinen Geist, der uns beseelt
A Gepriesen bist du, Gott
V Für deine Botinnen und Boten
A Gepriesen bist du, Gott
V Für deine befreiende Botschaft
A Gepriesen bist du, Gott

V/A Gepriesen bist du, Gott, Vater im Himmel

V Für alle deine Gaben
A Gepriesen bist du, Gott
V Für das Geschenk des Glaubens
A Gepriesen bist du, Gott
V Für jedes Licht in der Dunkelheit
A Gepriesen bist du, Gott
V Für deine Kraft der Barmherzigkeit
A Gepriesen bist du, Gott
V Für das Geschenk der Vergebung
A Gepriesen bist du, Gott

V/A Gepriesen bist du, Gott, Vater im Himmel

Lied

Bless the Lord (Preise den Herrn, meine Seele)

Stille

Einleiten der Stille

Übung zur Körperwahrnehmung.

Impuls in der Stille

»Ich will dich rühmen mein Leben lang.« (Ps 63)

Ausleiten der Stille mit Lied

Singt dem Herrn

Gebetsteil

Fürbitten

Guter Gott, dich loben und preisen wir. Mit unseren Worten und unseren Liedern begegnen wir dir. Nimm unseren Lobgesang an und erhöre auch unsere Bitten, die wir voll Vertrauen zu dir bringen …

Vaterunser

Vater, dein ist das Reich und die Kraft und die Herrlichkeit. So beten wir zu dir: Vater unser …

Segen

Segenslied

Medien

Taizé-Instrumental CD, Taizé-Liederheft

Wechselgebet

Gestaltung der Mitte:

- Schale mit Kerze
- einige Blumen in die Schale legen

September

Alles hat seine Zeit

Eröffnung

Lied

Bendigo al Señor (Ich preise den Herrn)

Begrüßung und Vorstellung des Themas

Ein Großteil des Jahres liegt hinter uns. Unsere Gedanken richten sich auf die Monate, die noch vor uns liegen. Vielleicht schmieden wir neue Pläne?

Vielleicht erinnern wir uns aber auch an längst gefasste Vorsätze, die noch immer darauf warten, umgesetzt zu werden. Schon lange schiebe ich das klärende Gespräch mit der Kollegin vor mir her. Eigentlich wollte ich bis zum Sommer diese oder jene Entscheidung getroffen haben. Es wird Zeit für Veränderung. Ich möchte mein Engagement in einen anderen Bereich verlagern.

Lied

Seigneur, tu gardes mon âme (Du behütest meine Seele … führe mich auf dem Weg …)

Thematischer Impuls

Wir richten unseren Blick auf die großen und die kleinen »Baustellen«, die uns heute an diesem Tag im September in den Sinn kommen.

»Alles hat seine Stunde. Für jedes Geschehen unter dem Himmel gibt es eine bestimmte Zeit: … Eine Zeit zum Niederreißen und eine Zeit zum Bauen.« (Koh 3,1–3)

Gott möchte, dass ich in meinem Leben etwas aufbaue und vielleicht auch für andere Impulsgeber bin. Er möchte, dass ich Neues entstehen lasse und unter Umständen Altes dafür aufgebe. Wird Gottes Wirken so durch mich sichtbar? Wo sehe ich für mich Handlungsmöglichkeiten?

Lied

Veni Creator Spiritus (Komm, Schöpfer Geist)

Stille

Einleiten der Stille

Übung zur Körperwahrnehmung.

Impuls in der Stille

Wo sehe ich, dass ich Neues aufbauen kann oder Bestehendes aufnehmen sollte?
Was ist für mich »dran«?

Ausleiten der Stille mit Lied

Nada te turbe (Nichts beunruhige dich, nichts ängstige dich)

Gebetsteil

Fürbitten

Anstelle von Fürbitten notieren die Teilnehmenden einzelne Worte, die ihre »Baustellen« repräsentieren, auf Karten und legen sie an das Kreuz.

Lebendiger Gott, alles hat seine Zeit …
Wir bringen die Situationen oder Menschen zu dir, die uns zum Handeln auffordern.

Stärke uns mit deinem Heiligen Geist, damit wir den ersten Schritt machen.
Stärke uns mit deinem Heiligen Geist, damit wir den Mut aufbringen, Veränderungen offen gegenüberzutreten.
Stärke uns mit deinem Heiligen Geist, damit wir vertrauen und daran glauben, dass es gelingt.

Vaterunser

In Gemeinschaft rufen wir zu dir: Vater unser …

Segen

Segenslied

Medien

Taizé-Instrumental CD, Taizé-Liederheft
Blanko-Kärtchen, Stifte
Gestaltung der Mitte:

- Schale mit Kerze
- mit Bauklötzchen etwas nicht Komplettes aufbauen
- einige Bauklötzchen auf einem Haufen

Oktober
Reifen

Eröffnung

Lied
Bonum est confidere (Gut ist es, dem Herrn zu vertrauen)

Begrüßung und Vorstellung des Themas
In Anlehnung an die Jahreszeit, die Erntezeit, wollen wir den Blick auf unser inneres Reifen lenken. Wir alle kennen den Prozess des inneren Wachstums in der Auseinandersetzung mit unseren ganz persönlichen Themen und Erkenntnissen. Wir finden Raum und Zeit, um in der Begegnung mit Gott in uns hineinzuschauen.

Lied
Dona la pace (Gib Frieden, Herr)

Thematischer Impuls
Heute steht besonders die Einübung in eine Vertrauenshaltung im Vordergrund. Unser Tag ist angefüllt mit Ereignissen und Aufgaben. Ich bin aktiv. Ich tue mein Möglichstes und trage in vielfältiger Weise Verantwortung. Bloß nicht die Kontrolle verlieren!
Ein Weg des inneren Wachstums bedeutet aber auch, Zeiten anzunehmen, in denen ich nur geschehen lasse. Ich übe mich im Vertrauen darauf, dass ich loslassen und abgeben darf. Ich darf darauf hoffen, dass alles, was wichtig ist, zu seiner Zeit Beachtung findet. Dieses Vertrauen einzuüben ist ein Schritt in meinem Reifungsprozess.

Die Strophen des Textes werden reihum von den Teilnehmenden gelesen.

Reifer werden,
es nicht perfekt machen,
sondern die Überraschung zulassen.

Es nicht mit Anstrengung machen,
sondern Ungewohntes an sich erleben.

Es nicht vollständig erledigen,
sondern in der Unvollständigkeit neue Chancen entdecken.

Am Ende des Tages ausruhen,
die Verantwortung aus der Hand geben.

Am Ende des Tages ausruhen,
nicht mehr funktionieren müssen.

Am Ende des Tages ausruhen,
sich schlafen legen.

Den neuen Tag erwarten,
gespannt und frohen Mutes.

Im Vertrauen darauf,
dass du für uns sorgst.

Der Text wird ein zweites Mal gelesen. Die Teilnehmenden werden aufgefordert, die Stelle, die sie am meisten anspricht, mit in die Stille zu nehmen.

Lied
In manus tuas, Pater (In deine Hände, Vater, lege ich meinen Geist)

Stille

Einleiten der Stille

Übung zur Körperwahrnehmung – Schwerpunkt Körper.
Ergänzung: Ich lege meine Hände in den Schoß. Wie eine Schale sind meine Handflächen nach oben geöffnet und ruhen auf meinen Oberschenkeln. Ich spüre so der Geste des Hinhaltens und Abgebens nach.

Impuls in der Stille

Ich rufe mir meine ausgewählte Textstelle in Erinnerung und nehme sie mit in die Stille.

Ausleiten der Stille mit Lied

Confitemini Domino (Danket dem Herrn, denn er ist gut)

Gebetsteil

Fürbitten

»Es ist umsonst, dass ihr früh aufsteht und euch spät erst niedersetzt, um das Brot der Mühsal zu essen; was recht ist, gibt der Herr denen, die er liebt, im Schlaf.« (Ps 127,2)
Im Vertrauen auf dein Wirken in unserem Leben bringen wir das, was uns beschäftigt, vor dich.

Vaterunser

Wir glauben, dass du unsere Anliegen erhörst. So rufen wir zu dir:
Vater unser …

Segen

Segenslied

Medien

Taizé-Instrumental CD, Taizé-Liederheft

Text zum Austeilen

Gestaltung der Mitte:

- Schale mit Kerze
- Erntefrüchte

Oktober

Veränderungen annehmen

Eröffnung

Lied

I am sure I shall see (Ich bin gewiss, zu schauen die Güte des Herrn)

Begrüßung und Vorstellung des Themas

Wir alle kennen den Wandel der Jahreszeiten, der auch jetzt wieder wahrnehmbar ist. Veränderungen, die immer wieder neu auf uns zukommen, sind aber auch exemplarisch für unser Leben. Wie nehmen wir Veränderungen wahr und wie begegnen wir ihnen? Dieser Gedanke soll uns heute beschäftigen.

Lied

Cantate Domino canticum novum (Singt dem Herrn ein neues Lied)

Thematischer Impuls

»Er bestimmt den Wechsel der Zeiten und Fristen.« (Dan 2,21)

Die Zeiten unseres Lebens und der Natur liegen in den Händen Gottes. Er beendet Vergangenes und Neues beginnt. Gott eröffnet uns die Möglichkeit, positiv und konstruktiv mit Veränderungen umzugehen. Gott verändert und erneuert unser Leben. Dazu ist nötig, dass wir Veränderungen bewusst wahrnehmen, bereit sind, sie anzunehmen, und versuchen, das Gute darin zu entdecken. Im Vertrauen darauf, dass unser Leben bei ihm in guten Händen ist, können wir ermutigt und gelassener neuen Zeiten entgegengehen.

Lied

Aber du weißt den Weg für mich

Stille

Einleiten der Stille

Übung zur Körperwahrnehmung – Schwerpunkt Körper.

Ergänzung: Eine Geste des Empfangens kann unsere Bereitschaft, Veränderungen gegenüber offen zu sein, ausdrücken. Wir öffnen die Arme und spüren dem Gefühl nach.

Die Teilnehmenden können diese Geste nach eigenem Ermessen in der Stille wiederholen.

Impuls in der Stille

Gott, ich möchte den Veränderungen, die du für mich vorgesehen hast, gelassen entgegensehen. Ich denke dabei an ...

Ausleiten der Stille mit Lied

C'est toi ma lampe, Seigneur (Christus wird dein Licht sein … und wird dir leuchten)

Gebetsteil

Fürbitten

Guter Gott, du hältst mein Leben in deiner Hand. Auf mich wartet Neues, und du ermutigst und bestärkst mich, die Veränderungen anzunehmen und das Gute darin zu sehen. Ich möchte dir vertrauen und wende mich an dich mit meinen Anliegen …

Vaterunser

Du siehst in unser Herz. Du kennst uns. Mit dem Gebet, das Jesus uns gelehrt hat, legen wir all das, was uns beschäftigt und berührt, vor dich und beten gemeinsam: Vater unser …

Segen

Segenslied

Im Kreis stehend, rechte Hand auf die linke Schulter des Nachbarn, linke Hand zu einer Schale geformt.

Medien

Taizé-Instrumental CD, Taizé-Liederheft

Gestaltung der Mitte:

- Schale mit Kerze
- Herbstblätter in verschiedenen Verfallsstadien
  oder: Foto/Bild mit Bäumen in den vier Jahreszeiten

Du machst meine Finsternis hell

Eröffnung

Lied

Jésus le Christ (Christus, dein Licht, verklärt unsere Schatten)

Begrüßung und Vorstellung des Themas

Die herbstlichen Blätter führen uns vor Augen, wie unser eigenes Leben der Verwandlung unterliegt, dem Verfall preisgegeben ist. Gedanken daran können uns ängstigen. Unser Herz wird schwer, Dunkelheit legt sich auf uns. Wir wollen diesem Gedanken und einer konkreten ermutigenden Erfahrung aus der Bibel nachspüren.

Lied

Dans nos obscurités (Im Dunkel unserer Nacht, entzünde das Feuer …)

Thematischer Impuls

Wortkarten werden vorgelesen und in die Mitte gelegt.

Welcher Begriff spricht mich an? Warum?

Die Teilnehmenden beziehen kurz Stellung zu dem ausgewählten Begriff. Es wird nicht diskutiert und bewertet.

In der Bibel lesen wir von David, der aus der Gewalt Sauls errettet wurde. David vertraut in großer Bedrängnis auf Gott und erfährt Unterstützung und Rettung.

»Ja, du bist mein Leuchte, Herr. Du machst meine Finsternis hell.«
(2 Sam 22,29)

Können mir diese Worte Davids helfen, auf Gott zu vertrauen? Kann Gott für mich Licht in meiner Finsternis sein?

Lied

Nada te turbe (Nichts beunruhige dich, nichts ängstige dich)

Stille

Einleiten der Stille

Übung zur Körperwahrnehmung.

Impuls in der Stille

Herr, du bist mein Licht. Du machst meine Finsternis hell.

Ausleiten der Stille mit Lied

Behüte mich, Gott

Gebetsteil

Fürbitten

David hat in hoffnungsloser Situation dir vertraut und erfahren, dass du, guter Gott, ihn in scheinbar auswegloser Situation geführt und errettet hast. Im Vertrauen darauf, dass du auch uns in schwierigen Zeiten führen und begleiten möchtest, legen wir unsere Bitten vor dich …

Vaterunser

Wir legen alle unsere Bitten und unseren Dank in deine Hände und beten gemeinsam: Vater unser …

Segen

Segenslied

Die Teilnehmenden stehen im Kreis. Eine leuchtende Kerze wird während des Singens von einem zum anderen weitergereicht.

Medien

Taizé-Instrumental CD, Taizé-Liederheft

Einzelne Wortkarten mit den Begriffen: Endlichkeit, Tod, Ohnmacht, Veränderung, Zerfall, Verwandlung, Neubeginn, Abschied, Trennung, Verlassensein, Zweifel

Kerze zum Herumreichen

Gestaltung der Mitte:

- Schale mit Kerze
- Herbstblätter (in unterschiedlichen Stadien des Verfalls und unterschiedlicher Färbung) um die Kerze in die Schale legen

November

Mit meinem Gott überspringe ich Mauern

Eröffnung

Lied

Cantarei ao Senhor (Ich will dem Herrn singen, solange ich lebe)

Begrüßung und Vorstellung des Themas

Depression, Resignation, Endlichkeit, Traurigkeit, Dunkelheit, Ohnmacht – das sind oft Wahrnehmungen, die wir mit dieser Jahreszeit verbinden. Dagegen wollen wir heute Davids Loblied aus dem 2. Buch Samuel, Kapitel 22 setzen und uns von dem Vertrauen Davids und seinem Lobpreis stärken lassen.

Lied

Laudate Dominum (Lobt den Herrn, alle Völker)

Thematischer Impuls

David erlebt Gott als ein Gegenüber, das stark, gerecht und mächtig ist, mit dem er buchstäblich Mauern überspringen kann. Er lobt und preist ihn, weil er mit ihm scheinbar Unmögliches überwunden und Gott ihn aus tiefer Not errettet hat. Wir wollen gemeinsam in das Loblied Davids einstimmen:

WECHSELGEBET

Es wird von einem Vorbeter/einer Vorbeterin V und den Teilnehmenden A gebetet.

V Herr, du mein Fels, meine Burg, mein Retter,
mein Gott, mein Fels, bei dem ich mich berge,

mein Schild und sicheres Heil, meine Feste, meine Zuflucht,
mein Helfer, der mich vor der Gewalttat rettet.

A Ich rufe: Der Herr sei gepriesen!

V Denn mich umfingen die Wellen des Todes,
mich erschreckten die Fluten des Verderbens.

A Ich rufe: Der Herr sei gepriesen!

V In meiner Not rief ich zum Herrn
und rief zu meinem Gott.

A Ich rufe: Der Herr sei gepriesen!

V Er führte mich hinaus ins Weite,
er befreite mich, denn er hatte an mir Gefallen.
Denn ich hielt mich an die Wege des Herrn
und fiel nicht ruchlos ab von meinem Gott.

A Ich rufe: Der Herr sei gepriesen!

V Ja, du bist meine Leuchte, Herr.
Der Herr macht meine Finsternis hell.

A Ich rufe: Der Herr sei gepriesen!

V Mit dir erstürme ich Wälle,
mit meinem Gott überspringe ich Mauern.

A Ich rufe: Der Herr sei gepriesen!

V Denn wer ist Gott als allein der Herr,
wer ist ein Fels, wenn nicht unser Gott?
Gott ist meine starke Burg,
er gab mir meinen Weg ohne Hindernis frei.

A Ich rufe: Der Herr sei gepriesen!

V Es lebt der Herr! Mein Fels sei gepriesen!
Der Gott, der Fels meines Heils, sei hoch erhoben:
A Ich rufe: Der Herr sei gepriesen!

V Darum will ich dir danken, Herr, vor den Völkern,
ich will deinem Namen singen und spielen.
A Ich rufe: Der Herr sei gepriesen!

nach Psalm 18

Wir wollen uns in der Stille von diesem Loblied berühren lassen und den Vers in unserem Herzen bewegen, der uns am meisten anspricht.

Die Teilnehmenden lesen still das Wechselgebet ein weiteres Mal.

Lied

Bless the Lord (Preise den Herrn)

Stille

Einleiten der Stille

Übung zur Körperwahrnehmung.

Impuls in der Stille

Auf einen laut ausgesprochenen Impuls wird verzichtet. Jede/r Teilnehmer/in bewegt seine/ihre persönliche Textstelle in der Stille.

Ausleiten der Stille mit Lied

Benedigo al Señor (Ich preise den Herrn, denn er hört meine Stimme)

Gebetsteil

Fürbitten

Herr, du mein Fels, meine Burg, mein Retter, mein Gott. Mein Fels, bei dem ich mich berge. Ich bringe alles, was mich bewegt, vor dich …

Vaterunser

In der Gewissheit, dass ich mit dir Wälle erstürmen und Mauern überspringen kann, bete ich mit allen zusammen: Vater unser …

Segen

Segenslied

Die Teilnehmenden stehen im Kreis. Während des Singens zeichnen sie sich gegenseitig ein Kreuz auf die Stirn.

Medien

Taizé-Instrumental CD, Taizé-Liederheft
Wechselgebet für alle ausgedruckt
Gestaltung der Mitte:

- Schale mit Kerze
- mit Bauklötzchen o.Ä. eine Mauer um die Schale bauen

Dezember

Weihnachten – und weiter?

Eröffnung

Lied

Meine Hoffnung und meine Freude (im Taizé-Liederheft unter: El Senyor)

Begrüßung und Vorstellung des Themas

Gott wird in der Geburt Christi mit uns Menschen solidarisch. Das, was wir an Weihnachten feiern, ist daher nicht der Abschluss der Adventszeit, sondern der Beginn eines neuen Weges. Jesus will in jedem von uns geboren werden und durch uns in der Welt wirken. Mit dem Herzensgebet wollen wir der Geburt Jesu in uns nachspüren. In der Stille kommen wir dann mit Gott darüber ins Gespräch, was das für mich konkret bedeuten kann.

Lied

The Kingdom of God (Das Reich Gottes ist Gerechtigkeit, Friede und Freude …)

Thematischer Impuls

Durch die Geburt Jesu wird Gott ganz konkret. Er ist nicht nur eine Idee, sondern er bekommt Hände und Füße. Die weihnachtliche Idylle wird zu einer Herausforderung für uns Christen: Gott will immer wieder neu in uns geboren werden und in unserer Zeit wirken. Dazu braucht er unsere Hände, unsere Stimme, unseren Einsatz, unseren Mut.
Im Herzensgebet wollen wir zuerst dem göttlichen Kind in uns nachspüren (Herzensgebet: s. S. 20f).

»Jesus Christus – komm in mir zur Welt«.

Beim Einatmen wird »Jesus Christus« und beim Ausatmen »komm in mir zur Welt« gebetet.

Lied
Christus, dein Geist (im Taizé-Liederheft unter: Kristus, din Ande)

Wie kann Gott sichtbar werden durch mich in dieser Welt?
In einem weiteren Herzensgebet wollen wir diese Frage meditieren.

»Jesus Christus – wirke durch mich«.

Beim Einatmen wird »Jesus Christus« und beim Ausatmen »wirke durch mich« gebetet.

Lied
Gott ist nur Liebe (im Taizé-Liederheft unter: Bóg jest miłością)

Stille

Einleiten der Stille
Übung zur Körperwahrnehmung – Schwerpunkt Körper.

Impuls in der Stille
Gott, du willst in mir geboren werden und durch mich wirken.

Ausleiten der Stille mit Lied
Christe, lux mundi (Christus, Licht der Welt)

Gebetsteil

Fürbitten

Guter Gott, du bist nicht eine unfassbare Idee, sondern durch die Geburt deines Sohnes ganz konkret und fassbar für uns Menschen geworden. Du willst durch uns in dieser Welt wirken. Daher wende ich mich mit all meinem Bitten und meinem Dank an dich …

Vaterunser

Deine Liebe hat in Jesus Hand und Fuß bekommen. Wer dich liebend ergreift und dich festhält, erfährt Geborgenheit und Halt.
Darum beten wir vertrauensvoll zu dir: Vater unser …

Segen

Segenslied

Medien

Taizé-Instrumental CD, Taizé-Liederheft
Gestaltung der Mitte:

- Schale mit Kerze
- aus Papier ausgeschnittene Hände und Füße

Anhang

Verzeichnis der verwendeten Bibelstellen

2 Sam 22,29	November – Du machst meine Finsternis hell, S. 165
Ijob 10,1–3	März – Dialog mit Gott, S. 118f
Ps 62,2–3.6–7	Advent – Still werden, S. 46
Ps 86,11	April – Orientierung, S. 122
Ps 127,2	Oktober – Reifen, S. 160
Ps 139	Juli – Meine Grenzen, S. 143
Koh 3,1–3	September – Alles hat seine Zeit, S. 155
Jes 40,3	Advent – Bereitet dem Herrn den Weg, S. 49
Jes 42,1–4	Februar – Barmherzigkeit, S. 111
Ez 37,14	Pfingsten – Verwandlung, S. 89
Dan 2,21	Oktober – Veränderungen annehmen, S. 162
Mt 11,28	Fastenzeit – Ballast abwerfen, S. 59
Mt 5,21–48	Fastenzeit – Vertrauen, S. 72
Mt 6, 25–29	August – Sorgt euch nicht, S. 145
Mt 18.20	Mai – Gemeinschaft im Glauben, S. 125
Mk 1,35; 6,31; 6,32	Fastenzeit – Einsam sein, S. 70
Mk 6,31–32	Juni – Ausruhen, S. 137
Lk 1,38	Weihnachten – Maria, S. 52
Lk 24,30–32	Ostern – Wie glaube ich?, S. 83
Joh 9,1–5	März – Berührt von Gottes Wort, S. 115
Joh 20,8, Joh 20,25–28	Ostern – Wie glaube ich?, S. 82f
Apg 2,28	Fastenzeit – Das Labyrinth, S. 66
Röm 12,2	Ostern – Knospen und Blüten, S. 86
2 Kor 7,1	Fastenzeit – Sich reinigen, S. 76
Gal 5,25	Pfingsten – Nachfolge, S. 92
Eph 2,4–10	August – Gottes Liebe, S. 148f

Die Bibelverse sind nach der neuen Einheitsübersetzung zitiert. (Die Bibel. Einheitsübersetzung der Heiligen Schrift, Gesamtausgabe, Verlag Katholisches Bibelwerk, Stuttgart 2016)

Verwendete Methoden und Gebetsformen

Achtsames Gehen	Advent – Aufbruch, S. 41
	Weihnachten – Maria, S. 53
	Pfingsten – Nachfolge, S. 93
	April – Orientierung, S. 122
	Juli – Raus aus der Routine, S. 140
	Juli – Meine Grenzen, S. 143
Bibel teilen	Pfingsten – Knospen und Blüten, S. 86f
	August – Sorgt euch nicht, S. 146f
Fantasiereise	Februar – Spuren im Schnee, S. 109
Schreibmeditation	Advent – Erwarten, S. 43
Wortkarten	Advent – Aufbruch, S. 40
	Weihnachten – Maria, S. 53
	Fastenzeit – Vertrauen, S. 74
	Ostern – Auferstehung, S. 81
	Pfingsten – Nachfolge, S. 94/95
	September – Alles hat seine Zeit, S. 156
	November – Du machst meine Finsternis hell, S. 165
Bildbetrachtung	Fastenzeit – Ballast abwerfen, S. 59
	Ostern – Wie glaube ich?, S. 85
	Oktober – Veränderungen annehmen, S. 164
Beten mit dem Körper	Pfingsten – Leben aus dem Heiligen Geist, S. 96
	Juni – Geistliches Leben, S. 134
	August – Gottes Liebe, S. 149
Herzensgebet	Pfingsten – Verwandlung, S. 90
	Dezember – Weihnachten – und weiter?, S. 172
Lectio Divina	März – Berührt von Gottes Wort, S. 115
Wechselgebet	Fastenzeit – Gott den ersten Platz geben, S. 63f
	Pfingsten – Leben aus dem Heiligen Geist, S. 97f
	Mai – Gemeinschaft im Glauben, S. 126ff
	August – Gottes Liebe, S. 150
	September – Loben und Preisen, S. 152f
	November – Mit meinem Gott überspringe ich Mauern, S. 168f